I0417231

Héroes y villanos

Gabriela Orozco

Héroes y villanos

Héroes y villanos
© Gabriela Orozco

 **Lectorum**

D. R. © Editorial Lectorum, S. A. de C. V., 2015
Batalla de Casa Blanca, Manzana 147 A, Lote 1621
Col. Leyes de Reforma, 3a. Sección
C. P. 09310, México D. F.
Tel. 5581 3202
www.lectorum.com.mx
ventas@lectorum.com.mx

Primera edición: abril de 2015
ISBN: 978-1514270554

D. R. © Portada e interiores: Rox Aduboy

Características tipográficas aseguradas conforme a la ley.
Prohibida la reproducción parcial o total sin autorización escrita del editor.

Impreso y encuadernado en México.
Printed and bound in Mexico.

De cómo se concibió y escribió Héroes y villanos

El bien y el mal son los cristales con los que percibimos nuestro entorno, las circunstancias que nos toca vivir. Etiquetamos las acciones humanas dependiendo de nuestras valoraciones o exigencias.

Entendemos el bien a través de conceptos como la verdad, la justicia, el orden, la armonía, el equilibrio, la paz, la libertad, la solidaridad, el amor. Todo aquello que favorece el bienestar social o promueve la vida en general.

En el lado contrario se encuentra el mal, la negación de lo que nos correspondería como humanos: el caos, la destrucción, el odio, la ira.

Hablar de lo bueno o lo mano nos convierte en jueces, sobre todo tratándose de la Historia. Evaluamos a los personajes del pasado remoto o contemporáneo dependiendo de nuestra ideología, nuestra educación, nuestras propias experiencias. Convertimos a los hombres y mujeres en héroes o villanos dependiendo del ángulo desde donde los veamos. Pocas veces entendemos el contexto donde surgieron estas figuras y las situaciones con las que tuvieron que luchar: pobreza, guerra, enfermedad, locura.

A continuación presento cuarenta personajes que crecieron en situaciones adversas y particulares. Se podría pensar que alguien que nació en una cuna de nobleza tenía todas las las ventajas para ganar, pero si miramos con detenimiento, quizás que lidiar con situaciones muy complejas. Los que crecieron en la pobreza tuvieron sus propios retos que superar. Estas adversidades o retos son definidos por la época histórica.

Recordemos que la historia, como ciencia, estudia al hombre situado en su tiempo y el tiempo es el transcurso de las acciones, la duración de los eventos: años, siglos, milenios, etapas, eras.

En el caso de este texto, hice a un lado las etapas determinadas por la ciencia histórica, pues no todas las zonas geográficas se desarrollaron de la misma manera: Prehistoria, Edad Antigua, Edad Media, Edad Moderna, Edad Contemporánea. Por ejemplo, la Edad Media fue una etapa que se vivió principalmente en Europa, las culturas americanas precolombinas y las africanas, vivieron el mismo tiempo de manera diferente.

Sólo respeté la línea del tiempo que toma como referencia los años —que es lo que tarda la Tierra en dar una vuelta alrededor del Sol— y el nacimiento de Cristo, pues en la cultura occidental podemos comprender bien las fechas, cuando tomamos como referencia el nacimiento de Cristo, de este modo, hablamos de los años antes de Cristo, después de Cristo o las fechas anteriores o posteriores al año 1.

Además de la forma de dividir el tiempo, hay otro factor que actualmente tenemos claro: la forma en que están organizados los espacios geográficos de nuestro planeta, los continentes. Por ello, el libro está dividido en tres capítulos: América, Europa, Asia y África. En América, elegí nueve personalidades que con facilidad reconocemos. En la sección de Asia y África, se condensaron en un solo capítulo, dos continentes; no por falta de personalidades importantes, sino porque tomé como referencia a aquellos que sus acciones rebasaron las líneas territoriales.

Por último, quisiera comentar las dos razones por las que escribí el texto con un estilo periodístico: la primera es porque me pareció una manera de actualizar la información; la segunda, porque me pareció divertido hablar de los personajes de distintas épocas como si fueran parte de un diario de nota roja. No quise banalizar la información, simplemente darle cierto ambiente a los acontecimientos y a los protagonistas desde el punto de vista del observador.

De alguna manera, cuando abrimos el periódico nos sentimos partícipes de nuestro momento histórico y nos damos el derecho de sorprendernos, criticar o admirar el día a día, de esta manera, nos convertimos en sujetos históricos.

Ahora, en *Héroes y villanos* podrán mirar el interior de cada personaje y verlo con el crisol de su bondad y de su maldad, con toda esa sed de justicia, esa soberbia, con toda esa sangre derramada en nombre de la libertad, de la justicia, de Dios o de la soberanía.

Los invito a abrir sus páginas y leer los titulares del libro de la vida y de la muerte; del bien y del mal; de los héroes y los villanos.

Espero lo disfruten.

Gabriela Orozco

América

Colón descubre nueva ruta de comercio

Concibió la ambiciosa empresa de abrir una ruta naval hacia Asia.

La reina por fin decide financiar la aventura, se dice que fray Hernando de Talavera la convenció de apoyarlo.

Lo destituyen como gobernador, lo aprehenden y envian a España por propiciar la sublevación en La Española.

ristóbal Colón inició sus estudios bajo la tutela de fray Esteban de Soutelo, en Santo Domingo de Tui y los abandonó en 1446. Vivió en Portugal hasta 1485, donde se casó en 1479 con Felipa Muñiz, aristócrata portuguesa, hija del navegante Bartolomeu Perestrelo. Años más tarde, después de la muerte de su esposa, Colón se fue a España y conoció a Beatriz Enríquez de Arana, con la que no se casó, pero tuvo un hijo, Hernando o Fernando Colón, quien escribió posteriormente su biografía: *Historia del Almirante Don Cristóbal Colón*.

Después de realizar varios viajes con distintos destinos, Colón concibió la ambiciosa empresa de abrir una ruta naval hacia Asia por el oeste, basádondose en los viajes de Marco Polo, donde señalaba que no había mucha distancia entre el extremo occidental de Europa y Asia. Este proyecto significaba grandes ganancias económicas. El comercio europeo con extremo Oriente, principalmente las especias, la seda y otros productos originarios de estas latitudes, se distribuían desde varios siglos antes, atravesando Asia hasta Europa, por Asia Menor y Egipto; pero desde la expansión del Imperio otomano, los árabes y los merca-

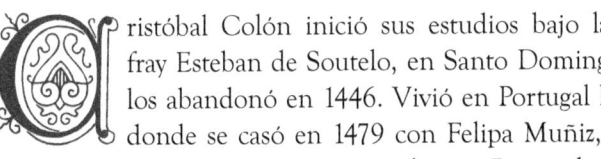

deres italianos monopolizaron la ruta. Los reinos de Portugal y de Castilla buscaban la forma de obtener esas mercancías sin intermediarios.

Colón tuvo que sortear varios obstáculos para poder llevar a cabo su travesía; uno de los principales fue su condición extranjera. Así, Colón buscó el patrocinio de los reyes de Portugal, Inglaterra y Francia, sin obtenerlo. En 1486 presentó su proyecto a los Reyes Católicos y fue puesto por la reina a un dictamen, dándose un fallo negativo porque lo consideraban poco viable. Después de viajar a Portugal, los reyes le prometieron a Colón que en cuanto terminara la guerra de Granada, volverían a considerar su proyecto.

"Colón descubrió América fortuitamente y aunque no encontró una nueva ruta comercial entre Europa y Asia, cambió las condiciones políticas y económicas del viejo continente, con la explotación del nuevo mundo".

El mismo día de la rendición de Granada, en 1491, la reina encargó nuevamente a una comisión de geógrafos, analizar la oferta, cuyo fallo, nuevamente, fue desfavorable. Pero el confesor de la reina, fray Hernando de Talavera, la convenció de apoyarlo. El financiamiento del viaje que correspondía a la Corona, estuvo a cargo del judío converso Luis de Santángel, que ofreció 1,140,000 maravedíes de los fondos de la Santa Hermandad de la que era cotesorero.

El viaje se formalizó con la firma de las *Capitulaciones de Santa Fe*, donde se estipularon varios puntos: el nombramiento de Colón como almirante de la Mar Océana, vitalicio y hereditario y la designación de Colón como virrey y gobernador en las tierras que descubriera, más el derecho de presentar a la Corona una terna para ocupar los cargos en las Indias; el 10% de todas las ganancias; la posibilidad de resolver él o sus justicias todos los pleitos relacionados con las nuevas tierras; el derecho de contribuir con la octava parte de los gastos de cualquier armada y recibir a cambio la octava parte de los beneficios.

Colón zarpó del Puerto de Palos el 3 de agosto de 1492, con una flotilla de tres carabelas: La Niña, la Pinta y la Santa María. Navegó hasta Canarias y luego hacia el oeste, alcanzando la isla de Guanahani, San Salvador, en las Bahamas, el 12 de octubre de 1492. En este viaje descubrió también Cuba y La Española (Santo Domingo), donde construyó un primer establecimiento español con los restos del naufragio de la Santa María. Convencido de que había logrado llegar a las costas asiáticas, regresó a España con las dos naves restantes en 1493.

Tras su primer viaje, Colón realizó tres más:

- ▲ Entre 1493 y 1496, viajó más hacia el sur y tocó la Isla Guadalupe, Jamaica y Puerto Rico, y fundó la ciudad de La Isabela.
- ▲ Entre 1498 y 1500, descubrió Trinidad y tocó tierra firme en la desembocadura del Orinoco, pero fue destituido como gobernador después de la sublevación de los colonos en La Española y fue enviado como prisionero a España. Tras ser juzgado y rehabilitado, se le renovaron todos los privilegios, con excepción del nombramiento de virrey de las Indias.
- ▲ Entre 1502 y 1504, recorrió la costa centroamericana de Honduras, Nicaragua, Costa Rica y Panamá.

"Según la historiadora Consuelo Varela, Colón era despótico y cruel, un gobernante que utilizaba la mano dura de manera sistemática en la primera colonia española en América."

Colón descubrió América fortuitamente y aunque no encontró una nueva ruta comercial entre Europa y Asia, cambió las condiciones políticas y económicas del viejo continente, con la explotación del Nuevo Mundo. No obstante, aunque era un estupendo marino, a Colón se le considera un mal conquistador de las nuevas tierras, ya que fue incapaz de manejarlas adecuadamente. Incluso, se le considera un advenedizo por utilizar los descubrimientos náuticos de otros para llegar a las nuevas tierras y una vez allí, se convierte en un dictador, que esclaviza a los indígenas aún siendo consciente del daño que está causando. Quizá este fue el motivo por el cual fue detenido y encarcelado en España, junto con algunos de sus familiares, perdiendo el título de gobernador.

"Se le considera un advenedizo por utilizar los descubrimientos náuticos de otros para llegar a las nuevas tierras y una vez allí, se convierte en un dictador, que esclaviza a los indígenas".

Según la historiadora Consuelo Varela, Colón era despótico y cruel, un gobernante que utilizaba la mano dura de manera sistemática en la primera colonia española en América. Según algunas fuentes, Colón y sus hermanos aparecen como unos tiranos que aplicaban justicia sin juicios, no distribuían los víveres entre sus propios hombres y no permitían bautizarse a los indígenas para utilizarlos como esclavos. Así, a comienzos de 1495, Colón envió un primer cargamento de 300 indios a la Península para que fueran vendidos como esclavos.

Cada flota que regresaba de las Indias traía un sin fin de quejas, denunciando la ausencia de sueldos, el hambre que les hacían pasar, entre otras penalidades. Muchos hombres que querían regresar no recibían permiso del Almirante para embarcarse. Colón nombró en los puestos de gobierno sólo a sus más allegados, sin importar si eran competentes o no y les repartió tierras, indios y caballerías. Impuso impuestos en especie, excesivos para los indios, e impartió justicia muchas veces sin juicios previos, empleando incluso la pena máxima.

....

Cristóbal Colón

Nacimiento: 1451.

Muerte: 20 de mayo de 1506.

Lugar de nacimiento: Génova, Italia.

Padres: Doménico Colombo y Susanna Fontanarossa.

Papel histórico: Descubridor de América.

Hazañas históricas: Colón zarpó del Puerto de Palos en 1492 con la idea de encontrar una nueva ruta comercial entre Europa y Asia, sin saber que iba a descubrir el Nuevo Mundo.

Expediciones: 1492, 1493, 1498 y 1502.

....

¡Cortés tiene amante!

Su madre la vende como esclava.

Cortés la regala a uno de sus soldados más allegados.

Su trabajo de traductora, **le permite ser el enlace** entre el mundo hispano y el indígena mexicano.

a Malinche, cuyo nombre original fue Malinalli —"hierba torcida", en náhuatl—, y corresponde al decimosegundo signo del ciclo de 260 días, día funesto. En algún momento fue llamada también Tenepal, "hecha de cal", es decir, de piel clara como la luna.

El nombre de Malinche, es la traducción del español Marina más "tzin", empleado para expresar reverencia, pero como los indios no pronuncian la "r", pasa a Malinatzin y el resultado es la fusión "Malintzin".

A la llegada de los españoles, cuenta con entre 15 y 17 años. Fue hija de un poderoso cacique, que muere cuando ella era una niña. Su madre, al poco tiempo, se casa de nuevo y tiene a un niño. Esto lleva a su madre a venderla a un mercader de esclavos y así asegurar la herencia para su hijo. Otras fuentes mencionan que su madre la regala a una pareja indígena, a espaldas de su padrastro, para salvarle la vida.

Su juventud transcurre entre la opresión y la esclavitud: es vendida en Xicalango y revendida y utilizada como esclava al servicio del cacique de Tabasco.

En 1519 es obsequiada a Cortés como parte de un tributo de veinte mujeres, ofrendas de oro y comida, de parte de los indios de Tabasco. Cortés, a su vez, la regala a Alfonso Hernández de Portocarrero, uno de sus allegados, en agradecimiento a su lealtad.

El 26 de julio de 1519, la Malinche se convierte formalmente en traductora del conquistador, por alrededor de

7 años, fungiendo como enlace entre el mundo hispano y el indígena mexicano.

En un principio, antes de que aprendiera el castellano, la comunicación entre los conquistadores y los indígenas se realiza entre dos intérpretes. Así, transmite el mensaje indígena, de náhuatl, a Jerónimo de Aguilar, en maya, que a su vez lo traduce al castellano para Cortés.

Su labor más importante comienza cuando los mensajeros del tlatoani Moctezuma, Xocoyotzin, tienen un primer acercamiento con Cortés y su ejército, para pedirles que se retiren.

A partir de este momento, asciende, dejando atrás su rol de esclava, para convertirse en figura clave del éxito y la supervivencia de todo el ejército español.

Con el tiempo, ocupa un sitio de primer nivel en el grupo de los españoles, quienes anteponen a su nombre el de doña, en señal de respeto, y forma parte de la vida sentimental de Hernán Cortés; aunque no fue la única mujer en la vida del conquistador.

La Malinche y Cortés tienen un hijo: Martín, nacido en 1522 y legitimado a través de la bula pontificia de Clemente VII, del 16 de abril de 1527.

Después de la conquista de Tenochtitlan, Cortés la casa con el capitán español Juan Jaramillo, uno de los militares más distinguidos de Cortés, con quien tiene una hija, María.

La Malinche probablemente muere de viruela en 1527, contando con alrededor de 25 años de edad.

"Se le ha considerado la primera traidora de la historia de México, al permitirle a los conquistadores castellanos el acceso al Imperio Mexica".

Malinche

La Malinche, iniciadora de una nueva raza, se convierte en un mito, y las crónicas la describen como una mujer de gran belleza y de inteligencia refinada, en contraposición a los tiranos españoles. Posteriormente, la Malinche es el equivalente al rechazo de lo auténtico y lo nacional. Se le ha considerado la primera traidora de la Historia de México, al permitirle a los conquistadores castellanos el acceso al Imperio Mexica. También es señalada como una mujer emancipada, moderna y con una sexualidad libre.

A principios del siglo XX, se asocia al nombre de la Malinche con un complejo de inferioridad inherente a los mexicanos.

....

La Malinche

Nacimiento: Entre 1502 y 1504.

Muerte: Alrededor de 1527.

Lugar de nacimiento: Jalisco o cerca de Coatzacoalcos.

Matrimonio: Juan Jaramillo

Hijos: Martín Cortés y María Jaramillo.

Papel histórico: Traductora del conquistador Hernán Cortés.

Hazañas históricas: Fue el enlace entre el mundo hispano y el mundo indígena mexicano.

....

Cortés aplasta a Tenochtitlan

Mantuvo una relación sentimental con una esclava que le servía de traductora.

A su llegada a Tenochtitlan, Moctezuma lo recibe con beneplácito, pero Cortés lo hace prisionero.

Es acusado de haber dado **muerte a** su primera esposa, **Catalina Juárez**.

ernán, Hernando o Fernando Cortés pertenece a una familia con hidalguía, pero no con muchos recursos. A los 14 años entra a la Universidad de Salamanca, donde aprende un poco de latín y algunos principios jurídicos. Una vez abandonados sus estudios, se traslada a Valladolid, donde aprende el oficio de escribano, mismo que ejerce en Santo Domingo, entre 1504 y 1511, después de que se embarca en la flota de Alonso Quintero. Acompaña a Diego Velázquez en el avance militar sobre Cuba, y gracias a sus hazañas en combate, se le nombra secretario del gobernador de la isla caribeña y luego alcalde en Santiago de Baracoa, en 1511, donde se dedica a la cría de ganado vacuno y lanar.

Para 1518, realiza su primer viaje como capitán general de una armada, después de que Veláquez le confiere la expedición hacia Yucatán, con la orden de solamente observar el territorio sin iniciar su poblamiento. Sin embargo, Cortés decide comenzar la conquista de las tierras encontradas. Así, llega a Cozumel, para después bordear la costa. En 1519, llega a la desembocadura del río Tabasco (hoy Grijalva), donde le regalan a Jerónimo de Aguilar junto con varias esclavas, entre ellas, la Malinche, su futura traductora con quien después mantiene una relación sentimental.

Cortés continúa avanzando hasta llegar a San Juan de Ulúa, donde reside y funda el primer ayuntamiento en la Villa Rica de la Vera Cruz, otorgando representatividad y legitimidad al poder español. Dispone los primeros repartimientos y encomiendas entre los oficiales y soldados de su ejército y dicta leyes y ordenanzas. Introduce el cultivo de nuevas plantas, funda trapiches e ingenios, impulsa la cría de la seda, introduce nuevas especies de animales, y explota las minas de oro y plata. Funda el hospital de la Purísima Concepción, después llamado Hospital de Jesús; el convento de monjas de la Concepción, en Coyoacán y establecimientos de beneficencia.

> *"Veláquez le confiere la expedición hacia Yucatán, con la orden de solamente observar el territorio sin iniciar su poblamiento. Sin embargo, Cortés decide comenzar la conquista de las tierras encontradas".*

Es aquí donde inicia los planes de expansión de la conquista de aquellos territorios, desconociendo la dimensión de su empresa. El 16 de agosto de 1519, Cortés abandona la costa y marcha hacia el corazón del Imperio Mexica. En su paso hacia Tenochtitlan, Cortés lleva a cabo la matanza de Cholula, incendiando a su partida dicha ciudad. Enseguida, fue a Santa Catarina Ayotzingo, donde prepara el ataque a Tenochtitlan, no sin antes pactar con los tlaxcaltecas, quienes le facilitan la conquista.

Al entrar a la ciudad, el 8 de noviembre de 1519, Moctezuma le da la bienvenida, pues cree que los españoles son enviados de Quetzalcóatl, pero Cortés lo toma como prisionero. Los mexicas, indignados, sitian a los soldados españoles, quienes son expulsados la noche del 30 de junio al 1 de julio de 1520, suceso conocido como "La Noche Triste". Los españoles y sus aliados se refugian en Tlaxcala para reorganizarse y atacar nuevamente a Tenochtitlan. Finalmente, el pueblo mexica es vencido el 13 de agosto de 1521 y sometido a esclavitud.

Posteriormente, Cortés parte al sureste mexicano rumbo a las Hibueras, buscando un estrecho que comunicara al Atlántico con el Pacífico, y así tener una ruta más corta hacia las mercancías.

Mientras tanto, en la Corte, la fama de Cortés crece, y Carlos V lo nombra gobernador, capitán y justicia mayor de la Nueva España, en 1522. Luego, lo confirma como adelantado y le otorga el escudo de armas, en 1525.

> *"Cortés continúa avanzando hasta llegar a San Juan de Ulúa, donde reside y funda el primer ayuntamiento en la Villa Rica de la Vera Cruz".*

A partir de 1526, enfrenta un Juicio de Residencia, y se le exige dar cuentas acerca del cumplimiento de las órdenes reales, el pago del Quinto Real, la aplicación imparcial de la justicia y las labores de administración y gobierno, tanto de los colonos hispanos como de los indígenas. Además, es acusado de haber dado muerte a su primera esposa, Catalina Juárez. El inquisidor, Luis Ponce de León, le quita la gobernación de los pobladores de la Ciudad de México y finalmente, el Juicio de Residencia es suspendido por la muerte del juez.

En 1529, mientras Cortés está en España para defenderse de las acusaciones, el rey Carlos V le confiere el título de marqués del Valle de Oaxaca y el gobierno sobre los futuros descubrimientos en el Mar del Sur, sin devolverle el poder sobre la ciudad de México.

En 1532 y 1533, ya de regreso a la Nueva España, envía dos expediciones que descubren las Islas Marías, las Islas Revillagigedo y la península de Baja California.

Cortés encabeza un tercer viaje, ante el fracaso económico de los dos viajes anteriores, arribando en 1535 a la Bahía de la Santa Cruz actualmente La Paz, Baja California Sur donde establece una colonia.

En 1539, Cortés despacha otra exploración a la Mar del Sur, que avanza al Golfo de California. Llega a la desembocadura del Río Colorado y llama a la boca del río "Ancón de San Andrés".

En 1540, viaja de nuevo a España, pero le impiden regresar a la Nueva España hasta no resolverse el Juicio de Residencia.

"Cortés también es recordado como un símbolo del genocidio, la invasión y la imposición de una cultura, arrasando con aldeas enteras en nombre del cristianismo".

Enfermo de disentería, Cortés muere el 2 de diciembre de 1547 en Castilleja de la Cuesta, sin cumplir su deseo de regresar a tierras americanas. En 1566, sus restos son trasladados a la Nueva España.

Cortés ha sido un personaje polémico en la historia de México. Gran líder y estratega militar, a Cortés se le ha considerado el fundador de la nación mexicana, llevando a cabo un proyecto unificador de las diferentes culturas indígenas que estaban divididas y en pugna constante; y posteriormente, dando un sentido de comunidad a las poblaciones hispana e indígena, en torno a la ciudad de Tenochtitlan. Pero para lograr sus propósitos cometió

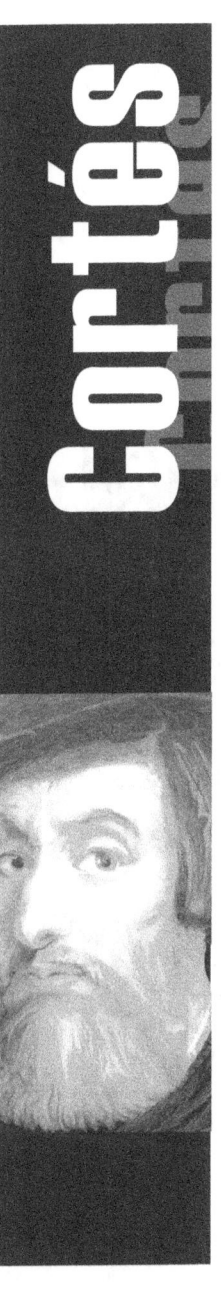

actos reprochables, y por ello también es recordado como un símbolo del genocidio, la invasión y la imposición de una cultura, arrasando con aldeas enteras en nombre del cristianismo. Asimismo, Cortés sacó ventaja de la esclavitud y la encomienda, que él mismo introdujo.

....

Hernán Cortés

Nacimiento: Finales de 1485.

Muerte: 2 de diciembre de 1547.

Lugar de nacimiento: Medellín, Extremadura.

Padres: Martín Cortés y Catalina Pizarro Altamirano.

Esposas: Catalina Juárez Marcaida y Juana Ramírez de Arellano de Zúñiga.

Hijos conocidos: Catalina Pizarro, Martín Cortés, Luis Cortés, Leonor Cortés y Moctezuma, María Cortés, Luis Cortés y Ramírez de Arellano, Catalina Cortés de Zúñiga, Martín Cortés y Ramírez de Arellano, María Cortés de Zúñiga, Catalina Cortés de Zúñiga y Catalina Cortés de Zúñiga.

Papel histórico: Conquistador de México-Tenochtitlan.

Expediciones: 1519, 1532, 1535 y 1539.

....

Washington discrimina a los indios

Se convierte en el primer presidente de los Estados Unidos de América.

Como rico hacendado, está a favor de la esclavitud.

Considera a los indios como **salvajes**, crueles e indignos de confianza.

George Washington, el Padre de la Patria estadounidense, crece dentro de una familia acomodada, tras la pérdida de su padre, queda a cargo de su hermanastro Lawrence, quien le hereda la plantación de Mount Vernon, que cuenta con 8,000 acres y 18 esclavos, convirtiéndose en uno de los hombres más ricos de Virginia.

En 1752, Washington, comienza una carrera militar enlistándose en el Ejército colonial británico, participando en las luchas contra los indios y franceses, llevadas a cabo entre 1752 y 1758.

A finales de 1758, renuncia al Ejército para trasladarse a Mount Vernon, donde se casa el 6 de enero de 1759, con la viuda rica Martha Dandridge Custis, aumentando considerablemente su patrimonio y posición social.

Además, se le concedió tierra en lo que hoy es Virginia Occidental, como una recompensa por su servicio en la Guerra Franco-india.

Entre 1759 y 1774, Washington se dedica a la administración de sus haciendas y participa en la política. En 1775, duplica el tamaño de Mount Vernon y aumenta la población de esclavos en más de 100 personas. Sirve en la Cámara de Burgueses de Virginia y apoya las primeras protestas en contra de las políticas inglesas; tiene un papel muy activo en el movimiento contra la importación en Virginia; y debido a su experiencia militar, se convierte en líder de los *Whigs*.

Al finalizar la Guerra de los Siete Años, en 1762, Washington se opone a la imposición de una serie de impuestos por parte del gobierno inglés a sus colonias, para amortizar los gastos de la guerra, y deja atrás su posición moderada cuando representa a Virginia en el Primer Congreso Continental que se celebró en Filadelfia en 1774, aunque aún se opone a la idea de la independencia, sin renunciar a los derechos y privilegios que le corresponden a los Estados libres.

En el Segundo Congreso reunido en Filadelfia en 1775, el mando de las tropas autonomistas contra los ingleses fue entregado a Washington. Todas las colonias se consideraron en guerra contra la metrópoli. Washington entonces forma el ejército de Massachusetts y en 1776 se proclama la independencia de los Estados Unidos; aunque la lucha para la expulsión definitiva de los ingleses continúa hasta que el 19 de octubre de 1781, se da la victoria definitiva de los colonos y el reconocimiento de la independencia por parte de Inglaterra, antes de firmarse la paz en Versalles, el 20 de enero de 1783.

Ahora, la tarea más importante de Washington es la reconstrucción nacional. Washington rechaza la corona que algunos notables le ofrecen y después de llegar a un acuerdo entre federalistas

> *"Washington rechaza la corona que algunos notables le ofrecen y después de llegar a un acuerdo entre federalistas y republicanos, se redacta la Constitución del 17 de septiembre de 1787. Washington es elegido como primer presidente de los Estados Unidos en 1789".*

y republicanos, se redacta la Constitución del 17 de septiembre de 1787. Washington es elegido como primer presidente de los Estados Unidos en 1789.

Durante su mandato, Washington mantiene el equilibrio entre republicanos y federales. Establece una política fiscal fuerte para hacer frente a los problemas económicos. Asocia los grandes capitales con el Estado, crea el Banco de los Estados Unidos de América y expide medidas proteccionistas, ganándose el apoyo de la burguesía.

Washington tiene un segundo mandato enfrentando una serie de problemas que lo debilitan políticamente, como la sublevación en el Oeste, en 1794, causada por los impuestos sobre el aguardiente, conocida como la Whiskey Rebellion, la cual es reprimida por las tropas a su cargo.

Tampoco lo favorece su apoyo al secretario del Tesoro, Hamilton, quien defiende la neutralidad de Estados Unidos en el caso de la Francia revolucionaria; en oposición al secretario de Estado, Jefferson, quien apoya totalmente a Francia y se opone al centralismo del presidente.

> *"Como terrateniente y poseedor de cientos de esclavos negros en su finca de Mount Vernon, defiende la esclavitud y los intereses de los esclavistas contra los esclavos".*

El 25 de junio de 1794, Washington firma un acuerdo comercial con Gran Bretaña, el "Tratado Jay", que le vale severas críticas y también disminuye su popularidad. Aún así, es elegido por tercera vez para ocupar el poder, pero se niega tajantemente, argumentando que quiere volver con su familia y a la paz de la vida privada.

Washington se retira entonces a sus propiedades, pero en 1798 se le nombra comandante en jefe del Ejército, ante el peligro de una guerra con Francia. De regreso a sus plantaciones, el general George Washington, uno de los escritores de la Declaración de Independencia y de la Constitución de los Estados Unidos, muere el 14 de diciembre de 1799.

Washington, el hombre caracterizado por su coherencia y por seguridad en sí mismo; el líder nato que renuncia a ser declarado rey y a la sed de mandato, rechazando un tercer período en el poder; también como partidario de la expansión hacia los territorios del oeste, ocupados por las tribus nativas norteamericanas, es indiferente a sus intereses y considera a los indios como salvajes, crueles e indignos de confianza, e ignora la declaración británica de 1763, que afirma que las tribus tienen títulos legales sobre sus tierras y que sólo podrían modificarse mediante tratados, llevándose a cabo la implacable expansión de la frontera blanca.

"Washington considera a los indios como salvajes, crueles e indignos de confianza, e ignora la declaración británica de 1763, que afirma que las tribus tienen títulos legales sobre sus tierras y que sólo podrían modificarse mediante tratados, llevándose a cabo la implacable expansión de la frontera blanca".

Asimismo, como terrateniente y poseedor de cientos de esclavos negros en su finca de Mount Vernon, defiende la esclavitud y los intereses de los esclavistas contra los de esclavos.

....

George Washington

Nacimiento: 22 de febrero de 1732.

Muerte: 14 de diciembre de 1799.

Lugar de nacimiento: Virginia, Estados Unidos de América.

Padres: Augustine Washington y Mary Ball Washington.

Matrimonio: Martha Dandridge Custis.

Papel histórico: Primer Presidente de los Estados Unidos de América y uno de los principales colaboradores en la Guerra de Independencia estadounidense.

Cargos: Miembro de la Cámara de los Ciudadanos de Virginia, de 1758 a 1774. Delegado en el Primer Congreso Continental, de 1775 a 1776. Oficial Superior del Ejército de los Estados Unidos, del 13 de julio de 1798 al 14 de diciembre de 1799. Comandante en Jefe del Ejército Continental, del 15 de junio de 1775 al 23 de diciembre de 1783. Presidente de la Convención Constitucional de Estados Unidos, del 25 de mayo de 1787 al 17 de septiembre de 1787. Presidente de los Estados Unidos de América, del 30 de abril de 1789 al 4 de marzo de 1797.

....

San Martín, ¿espía de los ingleses?

El americano participó en la Guerra de Independencia española.

De vuelta en América lucha por la Independencia de los países sudamericanos.

San Martín y Bolívar se reúnen sin éxito en Guayaquil; **no logran unir** sus **fuerzas** armadas **contra** la **dominación española.**

osé Francisco de San Martín y Matorras nace en el Virreinato del Río de la Plata y a la edad de 4 años se embarca junto con su familia rumbo a España. En 1786, ingresa al Seminario de Nobles de Madrid y a la Escuela de Temporalidades de Málaga, donde realiza sus estudios. En julio de 1789, se enrola en el regimiento de Murcia, comenzando, su carrera militar.

San Martín participa en guerras del Rosellón en 1793, de las Naranjas en 1804, y de Independencia española, logrando alcanzar el grado de teniente coronel. El 14 de septiembre de 1811 se embarca hacia Londres, dando fin a su carrera militar en España.

Durante las campañas en las que participa, San Martín conoce a numerosas personalidades inglesas, entre ellos a Lord Macduff, un noble escocés que lo inicia en el mundo de las logias y las sociedades secretas, que lo influencian para tomar la decisión de luchar por la liberación e independencia de América del Sur.

A comienzos de 1812, José de San Martín se embarca hacia Buenos Aires, a bordo de la fragata británica George Canning. Fue muy bien recibido y se le reconoció su grado militar de teniente coronel.

Ya en Buenos Aires, el primer Triunvirato le encarga la capacitación del cuerpo de granaderos a caballo recién formado, dada su experiencia militar. A los seis meses de estancia, funda, junto a Carlos María de Alvea, una filial de la Logia de los Caballeros Racionales, a la que llamó "Logia Lautaro", cuyos objetivos principales eran la Independencia de América. Poco tiempo después, San Martín dirige un movimiento que derroca al gobierno existente, en octubre de 1812, un Segundo Triunvirato, que rechaza toda obediencia a Fernando VII.

> *"Mientras San Martín es partidario de que cada pueblo liberado decida su futuro, Bolívar considera necesario controlar personalmente la evolución política de las nuevas repúblicas".*

El 12 de noviembre de 1812, San Martín se casa con María de los Remedios de Escalada, quien cuenta con tan sólo 14 años, con quien tiene a su única hija, Mercedes Tomasa San Martín y Escalada.

Tres semanas después de la boda se produce una revolución, el 28 de enero de 1813 tiene lugar la primera campaña de San Martín en América, y se le designa como comandante del Ejército del Norte, al que se ve obligado a dejar, para recuperarse de una úlcera estomacal.

En 1814 es nombrado gobernador de Cuyo y comienza a preparar la campaña del Perú. Tras una serie de inconvenientes, Chile cae en manos enemigas y San Martín se plantea su liberación.

San Martín es propuesto director supremo de la nueva República, pero declina el ofrecimiento, para volver a Buenos Aires. Finalmente, la Independencia de Chile se firma el 12 de febrero de 1818.

En agosto de 1820, San Martín y su ejército se embarcan hacia Perú, logrando su Independencia el 28 de julio. Es nombrado como protector y gobierna desde agosto de 1821, hasta septiembre de 1822.

> *"San Martín conoce a numerosas personalidades inglesas, entre ellos a Lord Macduff, un noble escocés que lo inicia en el mundo de las logias y las sociedades secretas, que lo influencian para tomar la decisión de luchar por la liberación e independencia de América del Sur".*

San Martín dota al país de ejército propio; reorganiza la hacienda; abre al país al comercio libre; suprime la servidumbre de los indios, las encomiendas y otras varias clases de servidumbres, emancipando a los esclavos; sienta las bases de la libertad de imprenta; acaba con la Inquisición, la censura previa, los azotes en las escuelas y los tormentos en las cárceles; e instituye la división de poderes.

Mientras tanto, San Martín busca lograr un acuerdo con Bolívar, para derrotar a los españoles. Pero después de su entrevista de 1822 en Guayaquil, Ecuador, las diferencias políticas y militares existentes entre ellos, impiden que leguen a un acuerdo. Mientras San Martín es partidario de que cada pueblo liberado decida su futuro, Bolívar considera necesario controlar personalmente la evolución política de las nuevas repúblicas.

Durante la ausencia de San Martín, en Perú se destituye a su hombre de confianza, Bernardo de Monteagudo, y crece el descontento entre el pueblo.

San Martín decide retirarse repentinamente de los campos de batalla, para dejar que Bolívar concluya la campaña de Independencia de América del Sur.

Antes de dejar el Protectorado, convoca al Congreso peruano e instituye la República democrática, como hiciera en Chile y, antes, en Buenos Aires.

En 1823, San Martín solicita permiso para retirarse junto a su esposa, pero el gobernador se lo prohíbe, temiendo que intentaran asesinarle; sin embargo, logra llegar a Buenos Aires el 12 de agosto de 1823, para ver a su esposa enferma, pero ella ya ha fallecido.

Una vez en Buenos Aires, es perseguido y acusado de traidor, y todas las puertas se le cierran.

El 19 de febrero de 1824 parte rumbo a Europa, bajo el nombre de José Matorras. Fija su residencia en Bélgica, pero sus escasos recursos le hacen regresar a Buenos Aires para ofrecer sus servicios al gobernador argentino. Entonces viaja a Montevideo, donde reside poco tiempo, para volver a Bélgica donde vive dos años más con su hija. Luego se instala en la ciudad de Boulogne-sur-Mer, donde muere el 17 de agosto de 1850.

"A San Martín se le relaciona con profesionales de la guerra y el espionaje ingleses, y han surgido pruebas de que es un agente a las órdenes de Gran Bretaña".

José de San Martín es la figura del hombre coherente con sus ideas, sinónimo de dignidad, valor e identidad, que ayudó a la lucha contra los ejércitos napoleónicos en España y a la independencia de

gran parte de América del Sur. Considerado el *Padre de la Patria*, se convierte en referente moral de un país y de un continente.

A San Martín se le relaciona con profesionales de la guerra y el espionaje ingleses, y han surgido pruebas de que es un agente a las órdenes de Gran Bretaña, para separar la Argentina de Chile, perder Uruguay, el Alto Perú y Paraguay, y así, frustrar el proyecto de una nación sudamericana poderosa, situación conveniente para los ingleses, que les permitiría negociar cómodamente con gobiernos pequeños y débiles.

....

José de San Martín

Nacimiento: 25 de febrero de 1778.

Muerte: 17 de agosto de 1850.

Lugar de nacimiento: Yapeyú, Virreinato del Río de la Plata, actualmente República de Argentina.

Padres: Juan de San Martín y Gómez y Gregoria Matorras del Ser.

Matrimonio: María de los Remedios de Escalada.

Papel histórico: Padre de la Patria y libertador de América del sur.

Hazañas históricas: Luchó contra los ejércitos napoleónicos en España y por la liberación e independencia de América del Sur.

....

Bolívar renuncia ante el Congreso de Colombia

Después de la batalla de Carabobo, asegura la independencia de Venezuela.

El Congreso de Perú lo nombra dictador.

Sufre un atentado del cual sale ileso.

imón José Antonio de la Santísima Trinidad de Bolívar fue descendiente de criollos ricos, de tradiciones hispanas, leales al rey y a la fe católica. El 14 de enero de 1797, ingresó como cadete al batallón de Voluntarios Blancos de los Valles de Aragua, siguiendo los pasos de su padre, quien había sido coronel.

El 26 de noviembre de 1798, Bolívar asciende a subteniente y un año después partió a España, haciendo escala en Veracruz, ocasión que aprovechó para visitar la ciudad de México. En España fue recibido por su tío Esteban, amigo de Manuel Mallo.

En estos años, fue nombrado capitán de las milicias de los Valles de Araguá, primer cargo militar que desempeñó. Conoció a María Teresa, hija de un rico criollo caraqueño, con quien se casó. Ambos se embarcan rumbo a Caracas, pero a los pocos meses, su esposa murió, por lo que él regresa a Europa.

Mientras tanto, en Venezuela, los aristócratas mostraban descontento hacia la Corona. Bolívar al enterarse del intento fallido del general Francisco de Miranda para lograr la independencia de Venezuela, decide regresar a mediados de 1807, después de una corta estancia en Estados Unidos de América.

En 1810, se creó la Junta Suprema de Venezuela, Bolívar fue nombrado Coronel de Infantería y junto con Luis López Méndez y de Andrés Bello, se embarcó a Londres para buscar apoyo inglés. El 2 de marzo de 1811 se reunió el Primer Congreso de Venezuela y tras varias confrontaciones entre la Junta y el Congreso, el 5 de julio de 1811 se firmó el Acta de Independencia y se comenzó a planear la constitución política del nuevo estado soberano. Pero las provincias no llegaron a un acuerdo y el terremoto de 1812 acabó con la nueva república.

Bolívar se refugia en Nueva Granada, después en la isla de Jamaica y en Haití. Posteriormente zarpó de Los Cayos con trescientos hombres y renovó la lucha en Margarita, comenzando el acto final de la Independencia de Venezuela. El 7 de agosto de 1819 obtuvo, finalmente, el triunfo sobre el ejército español en el combate de Boyacá. Tres días después del triunfo, Bolívar entró en la capital, que lo aclamó como Libertador. Una campaña de setenta y cinco días había dado la libertad a la mayor parte de Nueva Granada. Bolívar quería formar una república del virreinato de Nueva Granada y de la Capitanía General de Venezuela, que iba desde la embocadura del Orinoco, en el Atlántico, hasta el puerto de Guayaquil en el Pacífico.

El 15 de febrero de 1819 es nombrado presidente de Venezuela, pero Bolívar continuó buscando la libertad de Nueva Granada. Como resultado, creó un gobierno en Bogotá, nombrando vicepresidente al general Francisco de Paula Santander. De regreso a Angostura, el 17 de diciembre de 1819, Bolívar creó la República de Colombia, con los departamentos de Venezuela, Cundinamarca y Quito.

> *"Sin duda, la figura de Bolívar será recordada como la del héroe de la revolución emancipadora de América del Sur."*

En 1820, España pactó con la naciente República, firmando un tratado regularizando la guerra, pero no detuvo la marcha de la revolución.

Después de la batalla de Carabobo, el 24 de junio de 1821, se aseguró la independencia de Venezuela. Bolívar encargó al general Antonio José de Sucre la incorporación de Guayaquil a Colombia. Así, Sucre, el 24 de mayo de 1822, liberó a Quito, y Bolívar a su vez venció en Bomboná y Junín, y con el triunfo de Sucre en Ayacucho el 9 de diciembre de 1824, América del Sur quedó libre de españoles.

> *"El 6 de agosto de 1825, una Asamblea reunida en Chuquisaca creó el estado de Bolivia, cuya Constitución fue redactada por él mismo."*

El 27 de julio de 1822, después de la entrevista con José de San Martín en Guayaquil , Bolívar ayudó a Perú con soldados y armas. Así, el Congreso de Perú le nombró dictador el 10 de febrero de 1824, cargo que tuvo que dejar a Sucre el 24 de octubre del mismo año, cuando le suspendieron la autoridad para dirigir la guerra en Perú.

El 6 de agosto de 1825, una Asamblea reunida en Chuquisaca creó el estado de Bolivia, cuya Constitución fue redactada por él mismo. El 30 de noviembre de 1826, le nombraron presidente vitalicio, pero no aceptó. El 27 de agosto de 1828, dictó el Decreto Orgánico de la Dictadura y suprimió la Vicepresidencia de Colombia, dejando a Santander sin autoridad. El 25 de noviembre del mismo año, sufrió un atentado del que salió ileso gracias a su compañera de vida, Manuela Sáenz.

Finalmente, el 27 de abril de 1830, Bolívar renunció ante el último Congreso de Colombia y se retiró a Santa Marta, Colombia, a la Quinta "San Pedro Alejandrino", donde murió de hemoptitis, el 17 de diciembre de 1830, derrotado políticamente, pues las luchas caudillistas y nacionalistas lograron la separación de Venezuela, Ecuador y Colombia.

"Gracias a Bolívar, Perú perdió más de un millón de kilómetros cuadrados".

Sin duda, la figura de Bolívar será recordada como la del héroe de la revolución emancipadora de América del Sur, pero ésto no deja a un lado la visión que tenían de él sus contemporáneos, así como algunos hechos controversiales.

El historiador Herbert Morote lo muestra como opresor y ajusticiador de sus opositores, y cruel represor de los militares peruanos que osaron cuestionar su liderazgo. Gracias a Bolívar, Perú perdió más de un millón de kilómetros cuadrados y casi desaparece como la entidad más importante de la costa del Pacífico de Sudamérica para aumentar la preponderancia de la Gran Colombia, de la cual Bolívar era presidente. Ese fue el origen de la disputa de fronteras del Perú con el Ecuador, que no se solucionó hasta 1998, mediante el Acuerdo de Brasilia; y de las actuales tensiones entre Chile y Bolivia, como consecuencia de la Guerra del Pacífico de 1879, que terminó oficialmente con los tratados de paz de Chile con Bolivia en 1904 y con Perú en 1929.

Bolívar ofreció las provincias de Nicaragua y Panamá al imperio británico. Años después, Inglaterra se adueñó de la Mosquitia

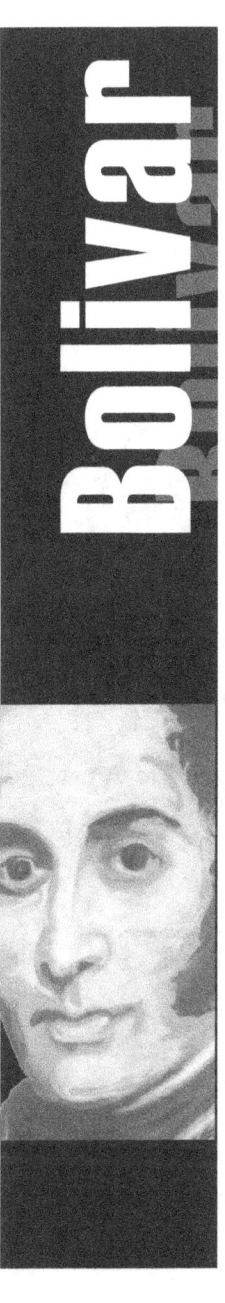

Bolívar

nicaragüense y estableció un "protectorado", con el fin de controlar la llamada "Ruta del Tránsito", y así interconectar los océanos del istmo centroamericano, también deseado por el naciente imperialismo de los Estados Unidos de América.

....

Simón Bolívar

Nacimiento: 24 de julio de 1783.

Muerte: 17 de diciembre de 1830.

Lugar de nacimiento: Caracas, Venezuela.

Padres: Juan Vicente Bolívar y Concepción Palacios Blanco.

Papel histórico: Libertador de América del Sur.

Hazañas históricas: Contribuyó de manera decisiva a la independencia de las actuales Bolivia, Colombia, Ecuador, Panamá, Perú y Venezuela.

Mandatos: Presidente de Venezuela, desde el 6 de agosto de 1813 hasta el 7 de julio de 1814. Presidente de la Gran Colombia, desde el 17 de diciembre de 1819 hasta el 4 de mayo de 1830. Dictador de Perú, desde el 17 de febrero de 1824 hasta el 28 de enero de 1827. Libertador de Bolivia, desde el 12 de agosto de 1825 hasta el 29 de diciembre de 1825.

....

Levantan ámpula las Leyes de Reforma

Francia, España y Gran Bretaña envían a sus tropas, tras la suspensión del pago de la deuda externa.

Juárez es acusado por cometer fraude electoral y plagio.

Juárez es reconocido por el gobierno de Colombia con el título de **Benemérito de las Américas.**

Benito Pablo Juárez García, de origen zapoteco, huérfano desde los 3 años, trabaja en el campo desde pequeño. A los 12 años se fuga a la ciudad de Oaxaca y se hospeda en la casa donde trabaja su hermana Josefa, como cocinera, ocupándose de las labores de la granja.

Cursó el bachillerato en el Seminario de Santa Cruz en 1821, para después estudiar leyes en el Instituto de Ciencias y Artes de Oaxaca, terminando sus estudios en 1834, donde posteriormente dio varias cátedras.

En 1831 es elegido regidor del ayuntamiento de Oaxaca y en 1833 como diputado local. En 1841 es designado juez de lo Civil, después secretario de Gobierno y posteriormente fiscal del Tribunal Superior.

En 1843 contrae matrimonio con Margarita Maza, cuando ella contaba con 17 años. Ambos procrearon 11 hijos, de los cuales 3 murieron a temprana edad.

En 1846 es elegido diputado Federal. Se inicia en la masonería, eligiendo el nombre de Guillermo Tell. Gracias a la invasión estadounidense es nombrado gobernador interino de Oaxaca.

Como gobernador, le impide la entrada a Oaxaca a Antonio López de Santa Anna, quien viene huyendo debido a la ocupación estadounidense, por lo que, al regresar al poder, Santa Anna lo apresa en San Juan de Ulúa y lo destierra a Cuba, donde trabaja en una fábrica de puros. Después, Juárez se traslada a Nueva Orleans, planeando un golpe de Estado en su contra.

" Juárez sostuvo un gobierno errante y apoyado por los liberales y por Estados Unidos; en 1867, Juárez vence al gobierno de Maximiliano y lo ordena fusilar".

En 1854 Juárez apoya el Plan de Ayutla, que pide la creación de una asamblea constituyente, en el marco de una Constitución Federal, y es nombrado por el presidente Juan N. Álvarez, Ministro de Justicia, Negocios Eclesiásticos e Instrucción Pública en 1855. Expide entonces, la "Ley Juárez", que limitaba los derechos militares y eclesiásticos, contiene una reforma agraria y contempla la sumisión del Ejército al Gobierno civil. Esta Ley es después incluida en la Constitución de 1857.

En 1855 es nombrado gobernador de Oaxaca y después ministro de Gobernación en 1857. Es presidente de la Suprema Corte de Justicia, durante el gobierno del presidente Comonfort, quien desconoce la Constitución y encarcela a varios ciudadanos, entre ellos Juárez, hecho que da inicio a la Guerra de Reforma, que enfrenta a liberales y conservadores.

En 1858 se convierte en presidente provisional de México y en 1859 promulga las Leyes de Reforma, que declaran la nacionalización de los bienes eclesiásticos, la eliminación de las órdenes monásticas, la creación del registro civil y la separación de la Iglesia y el Estado. En 1861, tras vencer a las fuerzas conservadoras, es nombrado presidente.

México1861, debido a la mala situación financiera, Juárez suspende el pago de la deuda externa y Francia, España y Gran Bretaña envían sus tropas a Veracruz. Juárez logra que España y

Gran Bretaña abandonen México; pero Francia, por su parte, continúa su avance hasta la ciudad de México e impone como emperador a Maximiliano de Habsburgo, en 1864. Juárez se traslada entonces al norte del país, resistiendo la invasión.

Sostuvo un gobierno errante y apoyado por los liberales y por Estados Unidos; en 1867, Juárez vence al gobierno de Maximiliano y lo ordena fusilar. Ese mismo año, es nombrado nuevamente presidente, restaurando la República.

Entonces, organiza la situación económica del país, negocia el aplazamiento de pago de la deuda externa, reduce el ejército; planea extender la educación pública, llevando a cabo un plan de alfabetización nacional, con la construcción de cientos de escuelas con carácter gratuito y laico; abre el mercado mexicano a la inversión extranjera y crea una policía para combatir la delincuencia.

También en 1867, se le concede el título de *Benemérito de las Américas* por la República de Colombia, por defender la libertad e independencia de México de la invasión europea.

> *"Juárez sostuvo un gobierno errante y apoyado por los liberales y por Estados Unidos; en 1867, Juárez vence al gobierno de Maximiliano y lo ordena fusilar. Ese mismo año, es nombrado nuevamente presidente, restaurando la República."*

En 1871 es reelegido como presidente y se le acusa de cometer fraude electoral. Varios sectores se pronuncian en su contra, incluyendo a algunos liberales como Porfirio Díaz, candidato a la presidencia, que proclama el "Plan de la Noria", desconociéndolo como presidente, pidiendo la no reelección y llamando a un levantamiento en su contra.

> "Se recuerda a Juárez como el ejemplo del indígena de moral intachable, el nacionalista, el reformador progresista, el defensor de la soberanía nacional, cuya hazaña fue acabar con el poder de la Iglesia católica. Su fama se extiende hasta Europa, pues el padre del dictador Benito Mussolini le da este nombre en su memoria".

El 18 de julio de 1872, Juárez muere a causa de angina de pecho, después de 14 años como presidente de México.

Se recuerda a Juárez como el ejemplo del indígena de moral intachable, el nacionalista, el reformador progresista y el defensor de la soberanía nacional, cuya hazaña fue acabar con el poder de la Iglesia católica. Su fama se extiende hasta Europa, pues el padre del dictador Benito Mussolini le da este nombre en su memoria. Sin embargo, Juárez desacredita, encarcela y hasta fusila a sus oponentes, ya fueran conservadores o liberales. Se dice que cuando el tribunal sentencia a Santa Anna a 8 años de destierro y no a la muerte, Juárez castiga a los jueces y los envía seis meses a prisión.

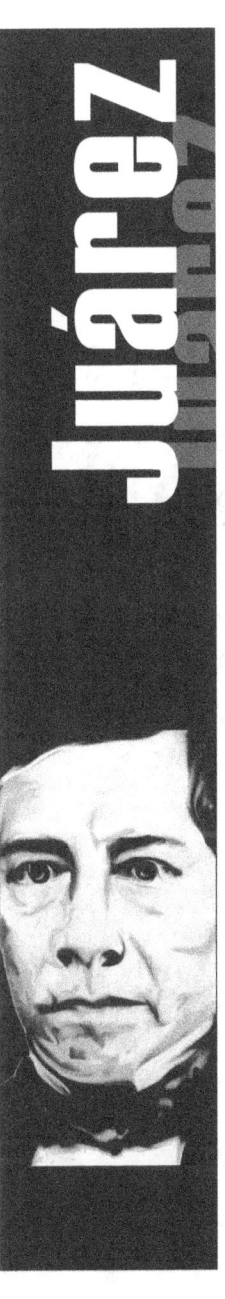

Se ha planteado que su famosa frase, mencionada en 1867, después de derrotar a los franceses y fusilar a Maximiliano, "Entre los individuos, como entre las Naciones, el respeto al derecho ajeno es la paz", no es de la autoría de Juárez, sino de Immanuel Kant, extraída de su libro *La Paz Perpetua*.

....

Benito Juárez

Nacimiento: 21 de marzo de 1806.

Muerte: 18 de julio de 1872.

Lugar de nacimiento: San Pablo Guelatao, Oaxaca.

Padres: Marcelino Juárez y Brígida García.

Matrimonio: Margarita Maza.

Papel histórico: Abogado y presidente de México en varias ocasiones, entre 1857 y 1872.

Hazañas históricas: Enfrentó al ejército francés, que pretendía invadir el país. Expidió las leyes de Reforma.

....

Asesinan a Lincoln con certero disparo

El atentado a Lincoln es el primer magnicidio de los Estados Unidos de América.

Sufría de depresiones e hipocondría.

A pesar de considerarse antiesclavista, **promueve una diáspora de gente negra,** a gran escala.

braham Lincoln inicia su educación a los 22 años, ya independizado de su familia, y empieza a asistir a una "sociedad de debates" donde defiende su postura antiesclavista heredada de su padre.

Desde joven es apodado como *Abe el Honesto*, después de pagar sus deudas y las de un exsocio.

En 1832 inicia su carrera política, postulándose como candidato a la legislatura del estado de Illinois, por el partido de los *Whigs*. Lincoln pierde ese año, pero gana en 1834 y se reelige varias veces.

En esta época, Lincoln promueve el derecho al voto de todas las personas que pagaran impuestos y trabajaran, incluyendo a las mujeres. Es de los pocos políticos que votan en contra de las resoluciones de 1837, donde se valida el derecho de tener esclavos negros. Lincoln da a lo largo de su carrera política, alrededor de 175 discursos basados en la necesidad de excluir la esclavitud de todos los territorios.

En 1836 se recibe como abogado estudiando por su cuenta, y comienza a litigar en 1837.

En 1839 conoce a Mary Todd, hija de un

banquero de Lexington y el 4 de noviembre de 1842 contraen matrimonio. Tienen 4 hijos.

A partir de 1841, se dedica más a su carrera de abogado, pero en 1846 es elegido congresista en la Cámara de Representantes del Congreso de los Estados Unidos de América, por el Estado de Illinois, para el periodo del 4 de marzo de 1847 al 3 de marzo de 1849. Como congresista, Lincoln está en desacuerdo con la guerra con México, cuestionando al presidente Polk, por lo que se ve obligado a renunciar.

En 1854 el partido *Whig* se desintegra y Lincoln ayuda en la fundación del Partido Republicano en Illionois. Entonces es escogido como candidato al Senado de los Estados Unidos, en Illinois, en 1858.

Lincoln gana las elecciones del 6 de noviembre de 1860 para la presidencia de los Estados Unidos, convirtiéndose en el primer presidente republicano. Ya como presidente electo, sobrevive a una tentativa de asesinato en Baltimore, Maryland.

Cuando Lincoln toma la presidencia el 4 de marzo de 1861, el país está dividido entre el norte, que quiere abolir la esclavitud, y el sur, que está a favor de ella, creándose los Estados Confederados de América, en febrero de 1861.

Lincoln establece la política proteccionista, imponiendo altas tarifas arancelarias, que representan 90% de los ingresos federales, excluyendo a países como Canadá y México, reduciendo al máximo los acuerdos comerciales que garantizan la disminución de aranceles, con un claro favoritismo hacia Europa. El objetivo principal de Lincoln es desarrollar la industria estadounidense, en su mayoría radicada en

"Lincoln gana las elecciones del 6 de noviembre de 1860 para la presidencia de los Estados Unidos, convirtiéndose en el primer presidente republicano".

el Norte y haciendo del Sur un cliente cautivo, pagando los productos a mayor precio.

> *"El 1 de enero de 1863, Lincoln firma la Proclamación de la Emancipación de los esclavos estadounidenses".*

El 12 de abril de 1861, comienza la Guerra de Secesión, entre la Unión y los confederados. Inicialmente, Lincoln tiene una actitud flexible, con el propósito de resolver el conflicto con la mínima violencia, para evitar la guerra civil, pero la postura de la Confederación de los Estados del Sur fue la de radicalizar el conflicto para lograr la secesión-independencia. Lincoln quiere preservar la Unión bajo la Constitución del pueblo de los Estados Unidos de América y rechaza la idea del derecho unilateral de secesión de los estados.

El 1 de enero de 1863, Lincoln firma la Proclamación de la Emancipación de los esclavos estadounidenses.

El 8 de noviembre de 1864, Lincoln es reelegido, comenzando su segundo mandato presidencial, el 4 de marzo de 1865, acudiendo por primera vez los negros a escuchar su segundo discurso inaugural. Finalmente, la Guerra de Secesión termina el 9 de abril de 1865.

A lo largo de su vida, Lincoln sufre de depresiones e incluso él mismo se considera hipocondríaco. Las personas más cercanas a él habían muerto, su madre, su hermana Sara y Ann Rutledge, con quien tiene un romance entre 1833 y 1835. Uno de sus hijos muere siendo niño y otro cuando era joven.

Lincoln es asesinado en 1865, por John Wilkes Booth, un actor de renombre, simpatizante de la causa del Sur, durante la presentación de una obra de teatro. Booth le dispara por detrás en la cabeza, gritando ¡*Sic semper tyrannis*! (Así siempre a los tiranos). Lincoln es trasladado a la casa de enfrente, aún con vida, pero al día siguiente, el 15 de abril, fallece. El asesinato de Lincoln es el primer magnicidio de los Estados Unidos. Sus restos se encuentran en el cementerio de Oak Ridge en Springfield, Illinois.

"Lincoln declara que los indios no tienen un derecho absoluto sobre los territorios del Oeste, los cuales deben estar abiertos también a la propiedad de los colonos blancos. Es el responsable de la ejecución de 38 cabecillas sioux en Minnesota, durante la Guerra Civil.

Lincoln, el gran orador, el político pragmático, el gran líder, el que alguna vez declara su deseo de que "todos los hombres de todas partes pudieran ser libres", en otro momento de su vida, defiende la diáspora de gente negra a gran escala, ante la difícil convivencia pacífica con los blancos. Comienza a organizar un plan para que los esclavos estadounidenses negros emigren a colonias británicas, a Honduras, a Guinea y a Surinam. Su proyecto no se lleva a cabo gracias a la Guerra de secesión y su posterior asesinato.

Lincoln declara que los indios no tienen un derecho absoluto sobre los territorios del Oeste, los cuales deben estar abiertos

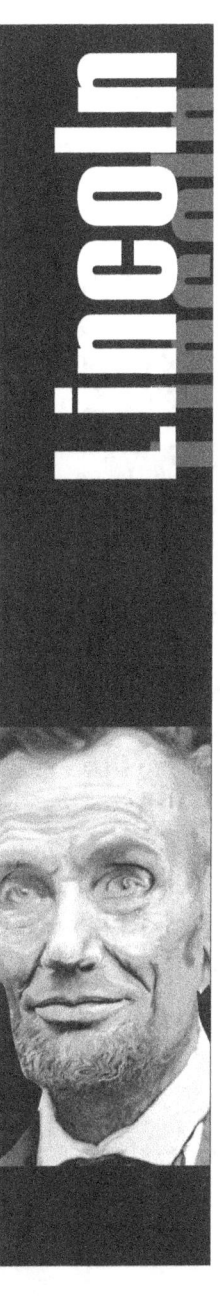

Lincoln

también a la propiedad de los colonos blancos. Lincoln es el res- ponsable de la ejecución de 38 cabecillas sioux en Minnesota, durante la Guerra Civil.

....

Abraham Lincoln

Nacimiento: 12 de febrero de 1809.

Muerte: 15 de abril de 1865.

Lugar de nacimiento: Kentucky, Estados Unidos de América.

Padres: Thomas Lincoln y Nancy Hanks.

Matrimonio: Mary Todd Lincoln.

Hijos: Robert Todd Lincoln, Edward Baker Lincoln, William Wallace Lincoln y Thomas Lincoln.

Papel histórico: Decimosexto presidente de los Estados Unidos, del 4 de marzo de 1861 al 15 de abril de 1865 y primero por el Partido Republicano.

Hazañas históricas: Gracias a sus medidas, se logró la abolición de la esclavitud, como la Proclamación de Emancipación en 1863 y la promoción de la aprobación de la Decimotercera Enmienda a la Constitución, en 1865.

Circunstancias de su muerte: John Wilkes Booth, un actor, le disparó en la cabeza. Su asesinato fue el primer magnicidio en los Estados Unidos.

....

Porfirio Díaz es exiliado a París

Porfirio Díaz reprime a toda oposición y persigue a la prensa que le critica.

Logra el despegue de la economía en México, así como la conformación de un Estado nacional estable.

Cambia el tradicional **Grito de Independencia del 16 al 15 de septiembre** para que coincida con su cumpleaños.

osé de la Cruz Porfirio Díaz Mori vive su infancia en su natal Oaxaca. La Intervención Norteamericana en México lo sorprende cuando se encuentra estudiando en el Seminario Tridentino de Oaxaca, pero su vida da un giro al conocer al entonces gobernador del estado de Oaxaca, Benito Juárez, quien habla en sus discursos acerca de los derechos del hombre. Díaz abandona entonces el Seminario para estudiar leyes en el Instituto de Ciencias y Artes de Oaxaca.

En 1854 interviene en la Revolución de Ayutla contra el presidente Antonio López de Santa Anna y es nombrado jefe político del Distrito de Ixtlán, para después ser, en 1858, comandante militar y gobernador del departamento de Tehuantepec, así como obtener el rango de mayor de Infantería.

Con el estallido de la Guerra de Reforma entre los años 1858 y 1861, Díaz apoya a la causa liberal, y con el ascenso de Benito Juárez a la presidencia, Díaz es promovido a general y elegido diputado federal por el estado de Oaxaca.

En 1862 toma las armas nuevamente contra la invasión francesa y la coronación de Maximiliano I como emperador de México. Participa en la *Batalla del 5 de mayo*, realizando un papel relevante al lado de Ignacio Zaragoza. Entonces, Díaz consigue ser nombrado comandante del Ejército del Centro y poco tiempo después, general de División. También es premiado con una hacienda en Oaxaca, conocida como Hacienda de la Noria, donde años más tarde se proclamaría el "Plan de La Noria".

Durante las guerras sostiene varias relaciones amorosas, e incluso tiene una hija llamada Amada, con la soldadera Rafaela Quiñones, durante la Guerra de Intervención. Pero Díaz contrae matrimonio con su sobrina Delfina Ortega, tras la dispensa del presidente Juárez, por el parentesco carnal. Con Delfina tiene a sus hijos Porfirio y Luz Victoria. Posteriormente, Díaz decide postularse para la presidencia, pero la suerte no está de su lado y Juárez es reelegido. Díaz entonces se retira a su hacienda en Oaxaca y se presenta nuevamente como candidato en las elecciones de 1871. Pierde de nuevo e impugna los comicios, lanzando el "Plan de la Noria", donde se pronuncia contra el reeleccionismo y llama a los militares del país a luchar contra Juárez.

> *"Usa la violencia y la represión, a través del Ejército mexicano y del grupo conocido como cuerpo de rurales, policías profesionales mejor pagados y entrenados que el Ejército, para sofocar muchas rebeliones surgidas durante su mandato".*

Pero Juárez muere en 1872 la presidencia es asumida por Sebastián Lerdo de Tejada, quien en 1876 pretende reelegirse, a lo que Díaz se rebela con el "Plan de Tuxtepec", adjudicándose la presidencia en 1877.

Durante su primer mandato, Díaz logra pagar la deuda externa a Estados Unidos; pacifica al país, ordenando el desplazamiento del Ejército; y logra que varios empresarios estadounidenses inviertan en México, gracias a un programa de difusión de la cultura mexicana.

Díaz impulsa una reforma de la Constitución para evitar las reelecciones presidenciales consecutivas, por lo que Manuel González ocupa la presidencia entre 1880 y 1884. Mientras tanto, Díaz es nombrado ministro de Fomento y gobernador de Oaxaca, y tras la muerte de su primera esposa en 1880, Díaz se casa con Carmen Romero Rubio el 5 de noviembre de 1881.

> *"Pero con el paso del tiempo, el crecimiento económico sólo favorece a unos cuantos mexicanos y a los extranjeros".*

Al finalizar el mandato de González, Díaz es reelegido como presidente de México, tomando posesión del cargo el 1 de diciembre de 1884. Tres años más tarde elabora una enmienda, al artículo 78 de la Constitución, para reelegirse. En 1890 realiza una nueva reforma de dicho artículo para reelegirse indefinidamente, permaneciendo en el poder hasta 1911. A este período en la Historia de México, durante el cual Díaz ejerce el poder, se le ha denominado el *Porfiriato*.

A partir de su segundo mandato, la economía en México despega y se conforma un Estado nacional estable. De igual manera, se genera un desarrollo de la cultura y la ciencia en México. Díaz trae la electricidad, manda construir redes de telégrafo y teléfono, y mejora las comunicaciones entre los puertos. En cuanto a las relaciones internacionales, Díaz paga la deuda externa a Inglaterra en

1884 y logra un acercamiento económico, político y comercial con Europa. Al final, el crecimiento económico sólo favorece a unos cuantos mexicanos y a los extranjeros.

Díaz, como presidente, se caracteriza por reprimir a toda oposición y perseguir a la prensa que le critica. Usa la violencia y la represión, a través del Ejército mexicano y del grupo conocido como *cuerpo de rurales*, policías profesionales mejor pagados y entrenados que el Ejército, para sofocar muchas rebeliones surgidas durante su mandato.

"Se dice que antes de morir trata de convencer al general Felipe Ángeles, a través de una carta, para que lo ayude a volver al poder, pero la misiva es interceptada por Venustiano Carranza".

En 1908, Díaz declara al periodista norteamericano James Creelman que México ya está preparado para la realización de elecciones libres. Así, Francisco I. Madero se postula como candidato del partido Antirreeleccionista, pero Díaz se reelige nuevamente en 1910. En respuesta, Madero desconoce a Díaz como presidente y proclama el *Plan de San Luis* y llama al pueblo para que el 20 de noviembre de 1910 se levante en armas y derrote al dictador.

Así, se pone fin a la dictadura de Díaz, el héroe militar, el constructor de la nación, el creador del orden, la estabilidad y la paz políticas durante 35 años, el dictador, el tirano, el traidor a la soberanía mexicana, el opresor, el autoritario, que por gusto cambia el tradicional

Grito de Independencia del 16 al 15 de septiembre para que coincida con su cumpleaños.

El 31 de mayo de 1911, Díaz y su familia salen rumbo al exilio en París, donde muere el 2 de julio de 1915. Se dice que antes de morir trata de convencer al general Felipe Ángeles, a través de una carta, para que lo ayude a volver al poder, pero la misiva es interceptada por Venustiano Carranza. Sus restos se encuentran en el cementerio de Montparnasse en París.

....

Porfirio Díaz

Nacimiento: 15 de septiembre de 1830.

Muerte: 2 de julio de 1915.

Lugar de nacimiento: Oaxaca, México.

Padres: José Faustino Díaz Orozco y María Petrona Cecilia Mori Cortés.

Matrimonios: Delfina Ortega Díaz y Carmen Romero Rubio.

Hijos: Amada, Porfirio y Luz Victoria.

Papel histórico: Militar y dictador mexicano. Fue presidente de México, del 24 de noviembre de 1876 al 6 de diciembre de 1876; del 17 de febrero de 1877 al 5 de mayo de 1877; del 5 de mayo de 1877 al 30 de noviembre de 1880; y para los periodos entre 1884 y 1911.

Hazañas históricas: Bajo su mandato, logró la consolidación del Estado mexicano moderno, gracias a su desarrollo económico.

....

Asesinan a Villa en una emboscada

Es perseguido por la justicia estadounidense.

Villa, la primera estrella del cine mexicano.

El héroe revolucionario **es tachado de bandido y violento asesino.**

ancho Villa, el Centauro del Norte, cuyo verdadero nombre es José Doroteo Arango Arámbula, tiene una dura infancia dedicada al campo. Apenas sabe leer y escribir, pues nunca tiene la oportunidad de asistir a la escuela. Tras un altercado con el dueño de la hacienda donde trabaja, se convierte en fugitivo, refugiándose en la sierra, donde adoptando varios nombres, entre ellos los de Gorra Gacha, Salvador Heredia y Antonio Flores, hasta llegar al de Pancho Villa. Practica en ese entonces el bandidaje, como miembro de un grupo de bandoleros dirigido por Ignacio Parra.

Villa se desliga del grupo y en 1910 se une al movimiento maderista, a través de Abraham González, gobernador de Chihuahua, quien le da la educación básica.

El 17 de noviembre de 1910 comienza a reclutar gente para sus tropas y participa exitosamente en diversas batallas contra los generales Manuel García Pueblita y Juan N. Navarro.

Villa recibe el grado de coronel por parte de Francisco I. Madero, para después atacar Ciudad Juárez, obteniendo uno de los primeros y más importantes triunfos de la revolución en ciernes. Después, Villa se dedica un tiempo a ser comerciante y vender ganado.

En 1911 inicia una nueva etapa en los campos de batalla para defender al gobierno maderista, tras la rebelión de Pascual Orozco y la lucha en territorios de Chihuahua y de Durango, donde aumenta sus filas.

Por su actuación militar en la lucha para someter a los orozquistas, como parte de la tropa de Victoriano Huerta, es ascendido a general brigadier honorario, después de que se adhiere al "Plan de Guadalupe".

"En 1976 se exhuman sus restos para depositarlos en el Monumento a la Revolución, pero se dice que esos retos no son de él, sino de una mujer, además de que ese cuerpo no tiene cabeza".

Madero le salva la vida, después de que Victoriano Huerta, so pretexto del robo de una yegua, ordena su fusilamiento. En cambio, Villa es encarcelado en Santiago Tlatelolco, en la ciudad de México, de donde se fuga en 1912 y se refugia en Estados Unidos.

A la muerte de Madero y de Abraham González, Villa regresa a México y se une a Venustiano Carranza contra el ahora usurpador de la presidencia, Victoriano Huerta.

En 1913 comanda la División del Norte y asume el cargo de gobernador provisional durante un año. Demuestra su capacidad administrativa y restablece el orden rápidamente, abarata los artículos de primera necesidad, abre el Instituto Científico y Literario, condona contribuciones atrasadas, funda 50 escuelas en un mes, establece el banco del estado y emite papel moneda.

Tras la caída de Victoriano Huerta, en junio de 1914, surgen desavenencias entre Villa y Carranza, por lo que desconoce su gobierno y el 10 de octubre de 1914 se traslada a Aguascalientes para aliarse con los zapatistas en su contra, pero la Convención del 1 de octubre cesa a Carranza de su cargo.

Después, Villa se traslada a Aguascalientes, donde firma el "Pacto de Xochimilco", en el que Villa acepta el "Plan de Ayala" en lo relativo al problema de la tierra y en el que se conviene llevar a la presidencia a un civil identificado con la Revolución.

En 1915, Villa es derrotado por Álvaro Obregón en la batalla de Celaya, para luego perder las batallas de Trinidad, León y Aguascalientes, por lo que regresa al norte, donde continúa combatiendo hasta 1915. Villa pierde su categoría de jefe de ejércitos, volviendo a ser guerrillero.

> "Sus detractores lo consideran un bandido y violento asesino, responsable de ejecuciones masivas, ahorcamientos con alambre y hasta órdenes para prender fuego a traidores".

En marzo de 1916, Villa ataca el pueblo de Columbus, Nuevo México, como represalia al reconocimiento oficial del régimen carrancista por parte de los Estados Unidos. En venganza, el presidente Woodrow Wilson envía a sus tropas, encabezadas por el general John J. Pershing, para tratar de capturar a Villa durante un año, sin conseguirlo.

Entre 1917 y 1920, Villa continúa con su actividad guerrillera, pero sufre de escasez de armas. Acepta la amnistía firmando los Convenios de Sabinas, donde se le reconoce el grado de general de División y recibe la propiedad del Rancho de Canutillo, de 25 mil hectáreas, cercano a Hidalgo del Parral, Chihuahua, que trabaja con sus antiguos compañeros de la División del Norte.

Entre las tácticas utilizadas por Villa, está el uso de la caballería, combinando los ataques nocturnos, los aviones y el ferrocarril. Pone sombreros en las trincheras para aparentar un mayor número de revolucionarios. Coloca las herraduras al revés a sus caballos para despistar a quienes le seguían el rastro y duerme con zapatos, en 2 o 3 lugares diferentes la misma noche, para no ser sorprendido.

"Es la primera estrella del cine mexicano, firma un contrato con productoras de Hollywood, para filmar sus batallas".

El 20 de julio de 1923, Villa es asesinado tras una emboscada en Hidalgo del Parral, Chihuahua, planeada, al parecer, por Plutarco Elías Calles y Álvaro Obregón, y evitar así un nuevo levantamiento, ya que Villa se pronuncia a favor de Adolfo de la Huerta. El auto en el que se trasladaba recibe alrededor de 150 balazos.

En 1976 se exhuman sus restos para depositarlos en el Monumento a la Revolución, pero se dice que no son de él, sino de una mujer, además de que ese cuerpo no tiene cabeza. La leyenda cuenta que un estadounidense se la llevó a su país en 1926.

Villa, una de las figuras centrales de la Revolución, héroe revolucionario que luchó en favor de los pobres y por la justicia social, esconde tesoros en dólares, oro y plata en cuevas y sótanos, en entierros clandestinos, para después comprar municiones para su ejército, en un país que no producía balas.

Su fama de bebedor es falsa, pues apenas probaba el alcohol, al considerarlo uno de los peores vicios y la causa de la miseria de los pobres. Castigaba el saqueo y las violaciones.

Villa se casa o mantiene relaciones casi maritales 27 veces y tuvo al menos 26 hijos.

Villa es la primera estrella del cine mexicano, firma un contrato con productoras de Hollywood, para filmar sus batallas. Gusta de posar ante la cámara y autografía fotos a sus seguidores.

Sus detractores lo consideran un bandido y violento asesino, responsable de ejecuciones masivas, ahorcamientos con alambre y hasta órdenes para prender fuego a traidores.

....

Pancho Villa

Nacimiento: 5 de junio de 1878.

Muerte: 20 de julio de 1923.

Lugar de nacimiento: San Juan del Río, Durango.

Padres: Agustín Arango y María Micaela Arámbula.

Papel histórico: Uno de los principales líderes y generales de la Revolución Mexicana. Comandante de la llamada División del Norte. Gobernador provisional de Chihuahua, en 1913 y 1914.

Hazañas históricas: Su acción militar fue decisiva para la derrota del régimen del presidente Victoriano Huerta.

Circunstancias de su muerte: Fue asesinado, tras dispararle alrededor de 150 balazos al coche en el que viajaba, en Hidalgo del Parral, Chihuahua.

....

Se enfurece Gran Bretaña por el petróleo

Cárdenas les da asilo a 456 niños huérfanos de la guerra civil e hijos de combatientes republicanos.

Acepta como asilado político a León Trotski a pesar de las amenazas y las críticas.

Comete fraude electoral a favor de Manuel Ávila Camacho.

ázaro Cárdenas del Río se incorpora a la Revolución Mexicana en 1913, colaborando con las fuerzas de Martín Castrejón, como jefe de operaciones en Veracruz y Michoacán y alcanza el grado de general a los 25 años.

Es nombrado gobernador interino de Michoacán, por el presidente Adolfo de la Huerta, cargo que ocupa durante 3 meses, volviendo a ser gobernador de ese estado entre 1928 y 1932. Es Secretario de Gobernación en el gabinete del presidente Pascual Ortiz Rubio y dirigente del Partido Nacional Revolucionario.

El 25 de septiembre de 1932, Cárdenas contrae matrimonio con Amalia Solórzano, con quien tuvo a su único hijo, Cuauhtémoc.

El 1 de diciembre de 1934 es electo Presidente de México y acondiciona un predio en el barrio del Chivatito para ocuparlo como casa presidencial, donde manda sembrar muchos pinos y oyameles, así es como se le da el nombre de "los pinos", al lugar que continúa siendo la casa presidencial.

Al comienzo de su mandato, Cárdenas pone en marcha su plataforma electoral y su plan de gobierno denominado *Plan Sexenal*, que contempla la necesidad de disminuir la dependencia del país de los mercados extranjeros; la promoción de industrias pequeñas o medianas, más que grandes unidades; y el desarrollo de empresas mexicanas, más que empresas bajo el control de intereses extranjeros. Cárdenas reforma el artículo tercero de la Constitución, acerca de la obligatoriedad y la laicidad de la educación en la ciudad y en el campo. Está a favor de una educación que favorezca valores, actitudes y acciones que antepongan el interés colectivo al individual y al de las minorías poderosas.

Impulsa la Reforma Agraria con el objetivo de crear una base económica sólida para el país. Rechaza la presencia de tropas norteamericanas en Baja California que, con el pretexto de proteger la península, pretenden entrar a territorio nacional durante los inicios de la Segunda Guerra Mundial.

Durante su mandato presidencial, surgen entre otras instituciones, Petróleos Mexicanos, la Comisión Federal de Electricidad, los Ferrocarriles Nacionales de México, el Banco de Comercio Exterior, la Nacional Financiera, el Instituto Politécnico Nacional, El Colegio de México, el Instituto Nacional de Antropología e Historia, los Internados Indígenas, así como diversas cooperativas industriales y numerosos ejidos colectivos e ingenios azucareros.

> *"Cárdenas reorganiza el Partido Nacional Revolucionario, ahora bajo el nombre de Partido de la Revolución Mexicana (posteriormente PRI), abarcando en él a campesinos, soldados, obreros, estudiantes, maestros y artistas".*

También se constituyen la Confederación Nacional Campesina y la Confederación de Trabajadores de México. Cárdenas reorganiza el Partido Nacional Revolucionario, ahora bajo el nombre de Partido de la Revolución Mexicana (posteriormente PRI), abarcando en él a campesinos, soldados, obreros, estudiantes, maestros y artistas.

Transforma el Castillo de Chapultepec en el Museo Nacional de Historia. Promueve iniciativas para clausurar casas de juego, cesa la hostilidad hacia la iglesia católica y amplía la red de carreteras. En 1938, completa la nacionalización ferroviaria y tras un conflicto obrero-patronal, expropia los bienes de las compañías petroleras en México, el 18 de marzo de ese año, bajo el lema "México para los mexicanos".

Gran Bretaña y Estados Unidos se ven afectados por la expropiación, dejando de adquirir el petróleo mexicano y cancelando los envíos de maquinaria y refacciones necesarias para la extracción de petróleo. Cárdenas, entonces, se ve forzado a vender petróleo a Alemania, Italia y Japón.

> *"Se considera a Cárdenas como el único presidente que no se sirve de su cargo para enriquecerse".*

Así mismo, acogió a los exiliados republicanos españoles que tuvieron que abandonar su país a causa de la Guerra Civil española, entre 1937 y 1942. En 1937 asila a 456 niños huérfanos de la guerra civil e hijos de combatientes republicanos.

Cárdenas acepta el asilo político de León Trotski a pesar de las amenazas y críticas políticas de la izquierda y de la derecha dentro y fuera de nuestro país.

En diciembre de 1941, después de dejar el poder, ocupa la jefatura de Operaciones Militares de la Región del Pacífico, después de la entrada de México en la Segunda Guerra Mundial.

En septiembre de 1942, es nombrado Secretario de la Defensa, renunciando poco antes de que terminara la Guerra. El 19 de octubre de 1970 muere víctima de cáncer, en la Ciudad de México.

> "Se le ha criticado el haber estructurado la sociedad mexicana en un sistema corporativista y de sectores sociales casi monolíticos, creando una estructura basada en privilegios de casta y en relaciones de familia, propicio para la corrupción y causantes del estancamiento económico".

Cárdenas es la síntesis de las más altas aspiraciones del pueblo mexicano. Ha sido un símbolo de combate por la equidad y de la defensa de la soberanía. Su mandato significa la consolidación de las instituciones y la cristalización de muchas de las más importantes ideas generadas en la Revolución, logrando la pacificación definitiva del país.

Gracias a él, la larga lucha de los trabajadores petroleros contra el maltrato por parte de las empresas extranjeras llega a un buen fin con la expropiación petrolera, que permite la posibilidad de entrar a México en un proceso de modernización. Se considera como el único presidente que no se sirve de su cargo para enriquecerse.

Se le ha criticado el haber estructurado la sociedad mexicana en un sistema corporativista y de sectores sociales casi monolíti-

Cárdenas

cos, creando una estructura basada en privilegios de casta y en relaciones de familia, propicio para la corrupción y causantes del estancamiento económico.

Se le acusa de cometer fraude electoral para que Manuel Ávila Camacho lo sucediera, así como de negociar con la Alemania nazi.

Aunque no establece un régimen realmente socialista o comunista, siempre maneja un discurso de este tipo, lo que no impide que su familia amase una enorme fortuna.

....

Lázaro Cárdenas del Río

Nacimiento: 21 de mayo de 1895.

Muerte: 19 de octubre de 1970.

Lugar de nacimiento: Jiquilpan, Michoacán.

Padres: Dámaso Cárdenas Pinedo y Felícitas del Río Amezcua.

Matrimonio: Amalia Solórzano.

Hijo: Cuauhtémoc Cárdenas Solórzano.

Papel histórico: Presidente de México, del 1 de diciembre de 1934 al 30 de noviembre de 1940.

Hazañas históricas: Realizó una reforma agraria, nacionalizó la industria petrolera y brindó asilo político a los exiliados españoles durante la guerra civil.

....

"¿Qué puedes hacer por tu país?"

Se cree que su muerte es parte de una conspiración en la que participan el Departamento de Justicia, el FBI y la CIA.

Anuncia la igualdad de derechos civiles entre negros y blancos estadounidenses.

Propone un programa armamentístico para fortalecer la presencia estadounidense en Vietnam y **acabar con el comunismo.**

ohn Fitzgerald Kennedy se matricula en la Universidad de Princeton, que abandona por diversos problemas de salud padecidos desde la infancia. Después ingresa a la Universidad de Harvard en 1936, y 3 años más tarde su padre lo envía a apoyar a sobrevivientes estadounidenses, durante la invasión de Alemania a Polonia. En 1940 logra graduarse de la carrera de relaciones internacionales de la Universidad de Harvard.

En septiembre de 1914 ingresa a la Armada de los Estados Unidos con el rango de alférez de fragata y estudia en la Escuela de Entrenamiento de Oficiales de la Reserva Naval y en el Centro de Entrenamiento de Escuadrones de Lanchas Torpederas. Su participación durante la Segunda Guerra Mundial le trajo gran popularidad, que le ayuda a comenzar su carrera política.

Entre 1947 y 1953, Kennedy es elegido representante de Massachusetts en el Congreso de Boston.

En 1953 contrae matrimonio con Jacqueline Lee Bouvier, con quien tuvo 2 hijos. Ese mismo año se convierte en senador.

En 1957 es merecedor del premio *Pulitzer* por su libro *Perfiles de coraje* y como senador vota la aprobación de la Ley de Derechos Civiles, que protege por primera vez algunos derechos de las minorías, entre ellos, el del voto de los negros en los estados sureños.

En 1961 Kennedy asume la presidencia de Estados Unidos a los 43 años de edad. En su discurso inaugural pronuncia una de sus frases más famosas: "No preguntes qué es lo que tu país puede hacer por ti; pregunta qué es lo que tú puedes hacer por tu país".

Kennedy pone en marcha su programa "La nueva frontera", que contempla el financiamiento estatal para la educación, atención médica para la tercera edad y el ataque a la recesión, acelerando la economía. Apoya la integración racial y el respeto a los derechos civiles.

Asimismo, anuncia un programa armamentístico completo para fortalecer la presencia estadounidense en la Guerra de Vietnam, con el objetivo de acabar con la expansión del comunismo. En agosto de 1963, Kennedy firma el Tratado de prohibición parcial de ensayos nucleares.

> *"Durante su mandato, Estados Unidos sostuvo con la Unión Soviética la llamada Guerra Fría y se realiza la invasión de Bahía de Cochinos en 1961".*

A lo largo de su vida, sufre varias enfermedades, como osteoporosis en tres vértebras fracturadas, el padecimiento de Addison e hipotiroidismo, que lo obligan a tomar ocho medicamentos distintos en 1961, entre ellos, varios esteroides, testosterona y hormona tiroidea.

También consume codeína y metadona para el dolor, ansiolíticos y pastillas para dormir. Todos estos problemas médicos fueron mantenidos en secreto durante su vida.

Durante su mandato, Estados Unidos sostuvo la llamada *Guerra Fría* con la Unión Soviética y se realiza la invasión de Bahía de Cochinos en 1961. También sucede la crisis de los misiles de Cuba, que puso al mundo al borde de una guerra nuclear.

En 1963, tras una serie de disturbios raciales, Kennedy anuncia la igualdad de derechos civiles entre blancos y negros. También, durante su presidencia, se construye el Muro de Berlín y se inicia la carrera espacial.

"La autoría material del magnicidio se le atribuye a Lee Harvey Oswald, quien es asesinado. Se especula que su asesinato es resultado de una conspiración en la que participan el Departamento de Justicia, el FBI y la CIA."

El gobierno de Kennedy, en 1963, apoya un golpe de estado contra el gobierno de Irak para librar al país de supuestos izquierdistas y comunistas. Durante este golpe participa Saddam Hussein.

Kennedy utiliza los medios de comunicación para sus fines políticos. Inaugura los debates televisados y acostumbra responder en directo preguntas de periodistas en la televisión.

El 29 y 30 de junio de 1962, visita la ciudad de México, acompañado de su esposa, Jacqueline, ganándose la simpatía del pueblo mexicano, al visitar la Basílica de Guadalupe.

Kennedy es asesinado el 22 de noviembre de 1963, mientras circulaba en el coche presidencial durante un desfile, junto con su esposa y el gobernador de Texas, John Connally, por la Plaza Dealey, en Dallas, Texas. Kennedy es alcanzado por dos disparos en la cabeza.

La autoría material del magnicidio se le atribuye a Lee Harvey Oswald, quien es asesinado. Se especula que su asesinato es resultado de una conspiración en la que participan el Departamento de Justicia, el FBI y la CIA.

El 25 de noviembre se realiza el funeral de Estado, asistiendo más de 90 representantes de diversos países. Fue enterrado en el Cementerio Nacional de Arlington.

"Para algunos, Kennedy es una figura sobrevalorada, pues su gobierno es muy breve, con pocos avances y graves errores en política exterior, como la invasión de Bahía de Cochinos, que cimienta el poder de Fidel Castro en Cuba y lo empuja a la esfera comunista".

Kennedy, uno de los presidentes con mayor popularidad en el mundo, es la inspiración de la posibilidad de algo mejor.

A él se le debe el haber mantenido un equilibrio pacífico entre el bloque comunista y el capitalista, capaz de detener la amenaza nuclear de la Guerra Fría.

Kennedy ha sido criticado por no llevar a cabo muchas de sus promesas de campaña, como el poner fin a la discriminación en la vivienda pública con un "plumazo"; incluso personas negras le enviaron cientos de plumas, pero Kennedy nunca firma la sentencia.

Se dice que Kennedy intenta disuadir a Martin Luther King de convocar la famosa "Marcha sobre Washington" por el temor de que se produjeran problemas de orden público.

Para algunos, Kennedy es una figura sobrevalorada, pues su gobierno es muy breve, con pocos avances y graves errores en política exterior, como la invasión de Bahía de Cochinos, que cimienta el poder de Fidel Castro en Cuba y lo empuja a la esfera comunista.

Kennedy

....

John F. Kennedy

Nacimiento: 29 de mayo de 1917.

Muerte: 22 de noviembre de 1963.

Lugar de nacimiento: Brookline, Massachusetts, Estados
Unidos.

Padres: Joseph P. Kennedy y Rose Fitzgerald.

Matrimonio: Jacqueline Lee Bouvier.

Hijos: Caroline Kennedy y John F. Kennedy Jr.

Papel histórico: Trigésimo quinto presidente de
los Estados Unidos de América, del 20 de enero de 1961
al 22 de noviembre de 1963.

Hazañas históricas: Evitó, a último momento, una
guerra nuclear, durante la crisis de los misiles
en Cuba. Sinónimo estadounidense de igualdad
para todos los seres humanos.

Circunstancias de su muerte: Asesinado a tiros.
Su muerte se le atribuye a Lee Harvey Oswald, pero el
tema ha sido muy debatido y existen múltiples
teorías acerca del magnicidio.

....

El Che cae y es asesinado en Bolivia

Durante sus viajes en motocicleta conoce a Salvador Allende en Chile y trabaja con leprosos en Perú.

Por medio de las armas, el Che intenta expandir sus ideas en Argentina, Chile, Paraguay, Perú y Brasil, después de su gran triunfo en Cuba.

Confronta a los yankees mientras **busca aliarse con Rusia**.

rnesto Guevara de la Serna, alias el *Che Guevara*, creció en una familia acomodada y desde pequeño sufre de constantes ataques de asma que lo obligan a guardar cama por días enteros e incluso aprender a leer y escribir en casa. Pero su enfermedad no le impide practicar el rugby, aunque esto le ocasionara episodios asmáticos.

Como estudiante de medicina en la Universidad de Buenos Aires, visita el norte de su país con una bicicleta a motor y conoce las provincias más pobres y atrasadas del país. Luego, como paramédico de una empresa petrolera argentina, recorre la costa atlántica de Sudamérica.

En 1952 emprende, con su amigo Alberto Granado, el primero de sus dos viajes internacionales por América. Viaja primero a Chile, nuevamente en moto, donde conoce al presidente Salvador Allende. En Perú trabaja en un hospital con enfermos leprosos. Más adelante en Colombia, que atravesaba la época de *La Violencia*, es arrestado, pero prontamente liberado. El *Che* regresa a la Argentina, el 31 de julio de 1952 y registra este famoso viaje en sus *Diarios de motocicleta*.

Ya graduado como médico dermatólogo, emprende, en

julio de 1953, su segundo viaje, ahora acompañado por su amigo Carlos Ferrer.

En Guatemala conoce a su primera esposa, Hilda Gadea, militante del APRA y exiliada peruana, y a un grupo de exiliados cubanos que participaron en la toma del Cuartel Moncada, entre los que se encuentra Antonio Ñico López, quien le puso el mote de *Che*, por el uso frecuente que hacía de esa palabra.

El *Che* abandona Guatemala para trasladarse a México, lugar donde define sus ideas políticas al conocer a Fidel Castro, su amigo desde entonces y quien lo forma en la lucha armada bajo la dirección de Alberto Bayo, Capitán del Ejército Militar Republicano. Se une al *Movimiento del 26 de julio*, con el objetivo de derrocar al dictador Fulgencio Batista, convirtiéndose en uno de los líderes del grupo.

El 18 de agosto de 1955 el *Che* e Hilda se casan y se convierten en padres de Hilda Beatriz en 1956.

Tras ser arrestado y liberado junto a Fidel y Raúl Castro, Guevara parte rumbo a Cuba a finales de 1956, en el yate llamado *Granma*. Pero el grupo es emboscado y sufre varias bajas. Los sobrevivientes se reunen en Sierra Maestra, donde el *Che* actúa como médico y combatiente, logrando el cargo de comandante.

> *"El Che se nacionaliza cubano y es nombrado jefe de la Fortaleza de San Carlos de La Cabaña, teniendo a su cargo alrededor de 1,000 juicios y la ejecución de por lo menos 550 personas".*

Finalmente, la Revolución en Cuba triunfa y se establece un nuevo gobierno. El *Che* se nacionaliza cubano y es nombrado jefe de la Fortaleza de San Carlos de La Cabaña, teniendo a su cargo alrededor de 1,000 juicios y la ejecución de por lo menos 550 personas, durante el proceso realizado por la *Comisión Depuradora*, contra personas consideradas criminales de guerra o asociadas con el régimen de Batista.

El *Che* ocupa los cargos de ministro de Industria y de presidente del Banco Nacional de Cuba, impulsando la nacionalización de empresas nacionales y extranjeras, la planificación centralizada y el trabajo voluntario.

También representa internacionalmente a Cuba en varias ocasiones, firmando el primer acuerdo de comercio entre Moscú y La Habana.

El 22 de mayo 1959, ya divorciado de Hilda, contrae matrimonio con Aleida March, con quien tiene 4 hijos: Aleida, Celia, Camilo y Ernesto.

Para este entonces, es partidario de instalar un sistema socialista y prepara una confrontación abierta de Cuba contra los Estados Unidos, buscar el apoyo de la Unión Soviética y abrir nuevos focos guerrilleros en América Latina para realizar una revolución de alcance continental.

Esta situación lo hace renunciar a todos sus cargos en 1965, a la nacionalidad cubana y a anuciar a Fidel su partida hacia el Congo para ayudar al Movimiento revolucionario de ese país.

Pero tras varias derrotas, el *Che* abandona el Congo y después de una breve estancia en Praga, decide trasladarse a Bolivia en 1966 y establecer un foco guerrillero, el nombrado Ejército de Liberación Nacional de Bolivia, con el apoyo de Fidel.

> *"El Che es partidario de instalar un sistema socialista, prepararse para una confrontación abierta con los Estados Unidos, buscar el apoyo de la Unión Soviética y abrir nuevos focos guerrilleros en América Latina para realizar una revolución de alcance continental".*

El *Che* piensa expandir sus ideas revolucionarias también a Argentina, Chile, Paraguay, Perú y Brasil. Pero no tiene el éxito esperado, pues no encontró el apoyo de los campesinos bolivianos, que no querían una lucha armada. El 9 de octubre de 1967, el *Che* es asesinado en la escuela del pueblo de La Higuera, en Bolivia, después de su captura por el Ejército boliviano, bajo las órdenes de la CIA. Su cuerpo es llevado al hospital "Nuestro Señor de Malta" en Vallegrande, donde lo exhiben durante 2 días.

Fue sepultado en una fosa común en Vallegrande, Bolivia, donde permaneció durante 30 años, para después trasladar sus restos a La Habana y depositados en el Mausoleo de la "Plaza Ernesto Che Guevara" de la ciudad de Santa Clara, el 12 de julio de 1997.

"El 9 de octubre de 1967, el *Che* es asesinado en la escuela del pueblo de La Higuera, en Bolivia, después de su captura por el Ejército boliviano, bajo las órdenes de la CIA".

El *Che*, considerado un héroe hasta el día de hoy, símbolo de los ideales de liberación del pueblo y de igualdad, del espíritu incorruptible, del hombre que antepone sus ideales revolucionarios a su propia vida; es también tachado de criminal, responsable de asesinatos en masa, ejecutando a quienes consideraba enemigos y traidores a la causa; para muchos, el *Che* es un mito inventado por los propagandistas de Fidel Castro.

"Es considerado un héroe, símbolo de los ideales de liberación del pueblo y de igualdad, del espíritu incorruptible".

....

Ernesto *Che* Guevara

Nacimiento: 14 de mayo de 1928.

Muerte: 9 de octubre de 1967.

Lugar de nacimiento: Rosario, Argentina.

Padres: Ernesto Guevara Lynch y Celia de la Serna.

Matrimonios: Hilda Gadea y Aleida March.

Hijos: Hilda, Aleida, Camilo, Celia y Ernesto.

Papel histórico: Político, escritor, periodista y médico, uno de los ideólogos y comandantes de la Revolución cubana. Ministro de Industria y presidente del Banco Nacional de Cuba.

Hazañas históricas: Participó en la Revolución cubana y en la organización del Estado cubano. También combatió en el Congo y en Bolivia.

Circunstancias de su muerte: Asesinado por el Ejército boliviano, en La Higuera, Bolivia, bajo las órdenes de la CIA.

....

Castro clama rebelión contra el imperialismo

Nunca cumple su promesa de convocar a elecciones generales.

....

Después del triunfo de la Revolución, miles de personas son encarceladas, exiliadas y fusiladas.

....

Fidel **deja el poder en manos de** su hermano **Raúl Castro.**

idel Alejandro Castro Ruz estudia leyes en la Universidad de La Habana, graduándose en 1950.

Participa en el levantamiento contra la dictadura de Rafael Leónidas Trujillo en Santo Domingo y desde 1949 forma parte del Partido del Pueblo Cubano u Ortodoxo.

En 1952 es candidato para el Parlamento por el Partido Ortodoxo, pero las elecciones no se llevan a cabo por el golpe de Estado realizado por el general Fulgencio Batista, derrocando al gobierno de Carlos Prío Socarrás.

Fidel se declara en contra del gobierno de Batista, reconocido por los Estados Unidos, y tras un intento fallido para desconocerlo jurídicamente, decide utilizar la violencia, influido por las ideas de Marx, Lenin y Martí.

En 1953 participa en una insurrección, que fracasa, contra Batista, por lo que es encarcelado y condenado a 15 años de prisión, pero sólo cumple 2, gracias a un indulto. Entonces se exilia en los Estados Unidos de América, para luego pasar a México, donde prepara otro golpe, con el nombre de "Movimiento 26 de julio".

En 1956 parte a Cuba con un contingente de 80 hombres, entre los cuales están su hermano Raúl y el Che Guevara, a bordo del yate Granma. Intentan tomar el Cuartel Moncada, pero la mayoría son atrapados y fusilados, escapando sólo algunos a la Sierra Maestra.

En 1957, Fidel firma el "Manifiesto de la Sierra Maestra", en el que se compromete a celebrar elecciones generales al triunfo de la Revolución, pero no cumple esta promesa.

Después de varias batallas a lo largo de toda la isla, el 1 de enero de 1959, se proclama el triunfo de la Revolución, y el día 8, Fidel hace su entrada a la ciudad de La Habana.

Fidel es nombrado comandante en jefe de las Fuerzas Armadas y primer ministro en 1959. Desde el triunfo de la Revolución, se juzga en tribunales revolucionarios a miles de colaboradores de la dictadura y personas consideradas criminales de guerra; algunos son encarcelados, exiliados y muchos otros condenados a muerte.

En 1959 decreta la primera Ley de Reforma Agraria, confiscando todas las haciendas, incluyendo la de su propia familia, que pasan a manos de comunidades de campesinos. Así mismo, nacionaliza los bienes de compañías norteamericanas. Funda organismos como el Instituto Nacional de Reforma Agraria e instituciones culturales como la Imprenta Nacional de Cuba y el Institu- to Cubano de Arte e Industria Cine- matográficos.

Fidel contra el im- Latinoaméri- enfrentamien- gobierno de En respuesta, el hower rompe las cas con Cuba y comercial con el objetivo de

"Después de varias batallas a lo largo de toda la isla, el 1 de enero de 1959 se proclama el triunfo de la Revolución y, el día 8, Fidel hace su entra- da a la ciudad de La Habana."

se pronuncia perialismo en ca, dándose un to directo con el Estados Unidos. presidente Eisen- relaciones diplomáti- decreta un embargo golpear la economía cubana y forzar la retirada de Castro, pues en ese entonces, Cuba dependía casi totalmente de sus exportaciones a Estados Unidos de América, fundamentalmente de azúcar.

> *"En 1961, la CIA le realiza un estudio psiquiátrico, definiéndolo como un líder neurótico, egoísta, narcisista y cuya única prioridad es mantenerse en el poder".*

Kennedy por su parte, envía una ofensiva armada con exiliados cubanos a Bahía de Cochinos en 1961, que resulta un fracaso. Posteriormente, pone en marcha la "Operación Mangosta" para derrocar a Fidel.

La Unión Soviética, por su parte, ayuda con préstamos y tratados comerciales al gobierno cubano, reiniciándose las relaciones diplomáticas entre ambos países.

En 1962, Fidel es excomulgado por el Papa Juan XXIII por su ideología comunista. También durante ese año, Cuba es expulsada como miembro de la OEA y Fidel unifica a los grupos políticos en el Partido Unido de la Revolución Socialista. Por otro lado, los soviéticos instalan, en suelo cubano, misiles dirigidos hacia los Estados Unidos de América, dándose la llamada "Crisis de los misiles", que pudo haber ocasionado una guerra nuclear entre las dos potencias.

En 1965, el partido cambia su nombre al de Partido Comunista de Cuba y Fidel es elegido secretario general. En 1976, también se le nombra presidente de los Consejos de Estado y de Ministros, así como Presidente de la República de Cuba.

El 31 de julio de 2006, Fidel anuncia que deja provisionalmente su cargo a su hermano Raúl Castro, para recuperarse de una intervención quirúrgica intestinal. El 19 de febrero de 2008 se retira en forma definitiva, debido a problemas de salud. Durante el gobierno de Fidel, Cuba logra un desarrollo en el campo social, principalmente en la educación, erradicando el analfabetismo; en la salud, que es gratuita, contando con los mejores avances médicos; en la igualdad de remuneraciones para todos los trabajadores, distribuyendo mejor la riqueza; llegando a ser un modelo para los países subdesarrollados. Pero estas ventajas han tenido un alto costo en lo político y lo cultural.

La crítica ha sido implacable con Fidel que lo acusa de dictador, negando las libertades individuales, poniendo bajo vigilancia continua a la población y prohibiendo la libertad de prensa. Así mismo, la economía cubana se encuentra en un grave estancamiento, tras la suspensión de la ayuda financiera soviética y la negativa de Fidel de introducir reformas como las contenidas en la *perestroika*.

En cuanto a la política exterior, el gobierno de Fidel se caracteriza por la lucha contra el imperialismo, apoyando la intervención militar cubana en África, respaldando los regímenes socialistas de Angola y Etiopía.

"Durante el gobierno de Fidel, Cuba logra un desarrollo en el campo social, principalmente en la educación, erradicando el analfabetismo; en la salud, que es gratuita, contando con los mejores avances médicos".

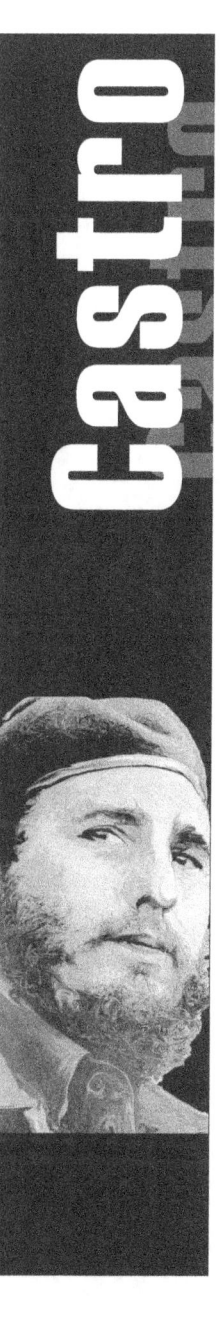

En 1961, la CIA le realiza un estudio psiquiátrico, definiéndolo como un líder neurótico, egoísta, narcisista y cuya única prioridad es mantenerse en el poder.

Otra cuestión que se le ha criticado a Fidel es que, mientras la población cubana sufre de escasez, él posee más de 20 propiedades, cuentas bancarias en el extranjero, cuatro yates, dos barcos de pesca y otras embarcaciones.

....

Fidel Castro

Nacimiento: 13 de agosto de 1926.

Lugar de nacimiento: Birán, Holguín, Cuba.

Padres: Ángel Castro Argiz y Lina Ruz González.

Matrimonios: Mirta Díaz-Balart y Dalia Soto del Valle.

Papel histórico: Militar y político cubano.
Comandante en jefe de las Fuerzas Armadas
Revolucionarias. Primer ministro, entre 1959 y 1976.
Presidente de Cuba, entre 1976 y 2008.

Hazañas históricas: Logró el triunfo de
la Revolución cubana.

....

Europa

Vitorean a Alejandro Magno en Egipto

Sus tropas ocupan las ciudades de Sardes y Éfeso.

Entra oficialmente a la lista de los hombres más adinerados del mundo.

A pesar de las críticas, **sigue fusionando las culturas griega y asiática.**

lejandro III, rey de Macedonia, mejor conocido como Alejandro Magno, recibió una educación aristocrática en la corte de Pela, la capital del reino. Su madre le impuso como su primer educador a Leónidas, que le dio una instrucción típicamente epirota, basada casi exclusivamente en la educación física. A los 14 años, su padre lo envió a la ciudad de Mieza, donde recibió la instrucción del más notable pensador griego del momento, Aristóteles de Estagira. El cambio en su adiestramiento fue radical. De una educación fundamentalmente física y militar pasó a una intensiva formación intelectual y sensible, profundizando sus conocimientos sobre literatura y filosofía e interesándose en la medicina y la retórica.

Macedonia era el estado con el territorio más extenso de toda la Grecia continental y apenas con-
taba con el ámbito político y cultural heleno. Era un reino de pastores y campesinos, de costumbres y cultura diferentes a los del resto de Grecia, pero también contaba con una posición económica privilegiada, gracias a la gran cantidad de recursos naturales. En menos de setenta años, llegó a ser la primera fuerza política y milita

En el año 338 a. C., su padre Filipo II lo envió como comandante de la caballería macedonia, cuando los atenienses enviaron tropas a Queronea para impedir un avance militar de Filipo contra Tebas. Alejandro tuvo un papel brillante al liderar a sus 2,000 jinetes.

A la muerte de su padre, en el año 336 a. C., el acceso de Alejandro al trono no fue fácil, pues su padre se había casado con una aristócrata macedonia, Cleopatra, con quien tuvo un hijo, quien tenía sangre macedonia pura y, por lo tanto, tenía preeminencia para el acceso al trono, ya que Alejandro sólo era macedonio por parte de padre. Entonces, Olimpia, la madre de Alejandro, se encargó de eliminar al hijo de Cleopatra, quien terminó por suicidarse al poco tiempo.

Así, los opositores fueron eliminados y Alejandro llevó a cabo dos campañas militares, una de intimidación y otra de castigo, para hacerse de la obediencia de las ciudades griegas y para que se le reconociése la condición de general en jefe de la Liga de Corinto, que antes tenía su padre.

> *"Ante las críticas de todos sus compañeros que veían cómo se iba orientalizando, Alejandro se mantuvo inflexible, manteniendo la fusión con las costumbres persas.*

La primera hazaña que Alejandro emprendió, en el año 334 a. C., fue expulsar a los persas de Asia Menor. Esta victoria le daría una posición de privilegio en toda Grecia, por lo que se hizo acompañar de las personas más cercanas a él, mismas que marcaron su reinado: el general Parmenión, sus compañeros de armas Clito y Hefestión (este último, su amante de por vida) y el historiador Calístenes, sobrino de Aristóteles y cronista oficial de la campaña. El combate tuvo lugar a orillas del río Gránico. Alejandro venció, mostrándolo como un temerario al dirigir el combate en el frente y no en la retaguardia.

Las tropas de Alejandro ocuparon Sardes, Éfeso y otras ciudades jonias que, con la excepción de Mileto, se rindieron sin oponer resistencia. Entonces Alejandro se adentró por Asia Menor hasta llegar a la ciudad de Gordio o Gordión, la ciudad del mítico rey Midas. De ahí pasó al sur, hasta el norte de la actual Siria, y en el año 333 a. C., se enfrentaron los dos reyes más poderosos de esas tierras, Darío, comandando el ejército persa y Alejandro. Aunque el ejército persa tenía ventaja numérica, los macedonios lograron la victoria y se hicieron del campamento enemigo, incluyendo la tienda del rey Darío (quien huyó del campo de batalla), donde se alojaban su esposa y dos de sus hijas. Así, Alejandro se proclamó rey legítimo de los persas, pues al tener en su poder a las mujeres de la familia real, la nobleza persa tenía que reconocerlo como tal.

Darío, consciente de que la amenaza macedonia sería difícil de parar, le propuso a Alejandro un acuerdo, ofreciéndole la soberanía de los territorios al oeste del Éufrates y la mano de una de sus hijas para sellar el acuerdo. Alejandro rechazó una paz pactada y decidió continuar su campaña hacia el sur. Atacó las bases navales de la flota persa y las ciudades costeras de la franja sirio-fenicia. Las ciudades portuarias se rindieron, salvo Tiro, que junto a Sidón y Biblos habían sido la tríada clásica del poder naval fenicio. Le tomó ocho meses tomar la ciudad de Tiro.

Alejandro logró su rendición con el levantamiento de un malecón que sus tropas construyeron desde tierra firme hasta la isla, después de un segundo intento, puesto que un primer malecón fue destruido por los tirios mediante la colisión de un barco cargado de material flamable. La isla se rindió en el año 332 a. C. y Alejandro no tuvo piedad, 8,000 tirios murieron en la defensa y 30,000 fueron vendidos como esclavos. Su siguiente objetivo fue Egipto, donde fue recibido como libertador del yugo persa y los sacerdotes de Menfis le coronaron con la doble corona del Alto y el Bajo Egipto.

En el año 331 a. C., durante su estancia en Egipto, se llevaron a cabo dos sucesos: el primero fue la fundación de una ciudad con su nombre, en un enclave importante para construir un puerto en la costa occidental mediterránea. El nombre de esta ciudad fue Alejandría, iniciándose así su política de fundar ciudades como herramienta para afianzar la presencia griega en los territorios conquistados. Alejandro estableció más de 70 ciudades repartidas por toda Asia; el segundo, tras su empeño por visitar el templo y oráculo de Amón, el más importante de Egipto, en el oasis de Siwah, en el desierto libio, Alejandro afirmó que el dios le había reconocido como su hijo, lo que le dotaba de una dimensión sobrehumana y un nuevo fundamento para el tipo de monarquía que desarrollaría en los años siguientes.

Alejandro dejó Egipto para atacar el corazón del Imperio persa, en el actual Irán, tras luchar nuevamente contra el ejército de Darío, triunfó. Darío escapó nuevamente, quedando su ejército definitivamente destruido y, por lo tanto, la defensa del Imperio sucumbió. Alejandro hizo su entrada triunfal en las grandes capitales del Imperio persa: Babilonia, que era la ciudad más importante de Mesopotamia y las metrópolis iranias de Susa y Persépolis. En esta última se apoderó del tesoro del gran rey, la mayor concentración de metales preciosos, que lo convirtió en el hombre más rico del mundo conocido. Trasladó toda su riqueza a Macedonia, escoltada por una caravana de 6,000 macedonios.

En el año 330 a. C., decidió destruir, con un incendio, el palacio que los reyes de Persia habían construido allí a lo largo de 150 años, para demostrar el final del poder de los aqueménidas.

Durante el año 330 a. C., se dedicó a perseguir a Darío para capturarlo, según opinan algunos, para legitimarse definitivamente, pues quería que lo reconociera no sólo como conquistador, sino como monarca natural de Persia y que se pronunciara a su favor, o para que no surgiesen pretendientes o impositores al reino persa, por lo que era mejor tenerle vivo que muerto. Pero no fue posible su captura, pues Darío fue asesinado por Bessos, uno de sus generales. Alejandro consiguió el cuerpo de Darío y lo enterró solemnemente, y después se declaró heredero de su legado. Entre 330 y 327 a. C. se dedicó a perseguir a los asesinos de Darío y a someter los territorios del Imperio persa, que todavía escapaban a su mando. Sometió a los territorios del mar Caspio para después adentrarse por Asia, atravesando el Hindu-Kush, en los actuales Uzbekistán y Kazajstán; así como las provincias de Bactriana y Sogdiana. Como parte de su estrategia para legitimarse en el poder persa, Alejandro se casó con una noble sogdiana, Roxana, en 327 a. C., para estrechar lazos con la aristocracia local. Integró a varios miles de iranios en el ejército y asumió el ritual de la *proskynesis*, que consistía en la genuflexión ritual ante el monarca, tradicional entre los persas pero que los griegos rechazaban, pues la consideraban un acto humillante. Alejandro se veía y era tratado como un Dios. Ante las críticas de todos sus compañeros que veían cómo se iba orientalizando, Alejandro se mantuvo inflexible, manteniendo la fusión con las costumbres persas.

> *"El griego se convirtió, a partir de él, en la lengua política y culta de todo el Próximo Oriente y el Mediterráneo."*

En 327 a. C., se dirigió al "país de los cinco ríos", es decir, a los afluentes del Indo, en el Punjab, posiblemente para extender la frontera natural del imperio hasta ese río o para asegurar las rutas comerciales entre Persia e India. Allí se llevó a cabo su última gran conquista, dirigida contra el rey Poros, gobernante de los territorios del río Hidaspes, actual Jhelam. Poros fue confirmado como gobernador de los territorios conquistados y el ejército se abrió paso hasta el más oriental de los afluentes del Indo, el Hífasis, actual Beas-Sutlej. Ya en este punto, el ejército estaba cansado y nada compensaba las pérdidas sufridas. A Alejandro, entonces, no le quedó más remedio que aceptar la decisión de la tropa y emprender el regreso.

Ya de regreso al corazón del vasto imperio que había conquistado, Alejandro continuó su política de fusión entre griegos y asiáticos. Contrajo matrimonio con una princesa aqueménida y obligó a muchos de sus oficiales a hacer lo mismo con nobles persas.

Poco después se trasladó a Babilonia, con el objetivo de asentar ahí la nueva capital de su imperio, pero en el año 323 a. C., murió en el palacio de Nabucodonosor II de Babilonia, víctima de una enfermedad no identificada, hay quien cree que fue víctima de la malaria, la fiebre tifoidea o el virus del Nilo, aunque existe también la hipótesis de que fue envenenado.

Su muerte fue inesperada y su esposa Roxana dio a luz un heredero póstumo, Alejandro IV. Ahora existía el problema de determinar quién ejercería la regencia. Los generales de Alejandro convocaron a una asamblea militar en Babilonia para repartirse las provincias de su Imperio. Su hijo Alejandro nunca reinó sobre el Imperio de su padre y dicho Imperio nunca volvió a unificarse. De hecho, todos los familiares y herederos del emperador fueron asesinados tras su muerte, por orden de Casandro, uno de los generales que aspiraba al trono.

Ptolomeo, faraón de Egipto, uno de los sucesores de Alejandro, lo enterró en Alejandría, donde su tumba fue punto de peregrinación para gran parte de los grandes políticos de los siglos posteriores, entre ellos Julio César y Octavio Augusto.

Desde su muerte, Alejandro se convirtió en una leyenda como el prototipo del conquistador: fundador de un imperio universal que murió con él, guía de los militares y admirado por muchos que han querido emular sus hazañas, como Napoleón. Aunque Alejan-

Magno

dro venció a naciones, no las esclavizó, respetó sus costumbres y trató de integrarlas a las suyas.

Alejandro abrió Grecia al mundo y el mundo a Grecia. El griego se convirtió a partir de él en la lengua política y culta de todo el Próximo Oriente y el Mediterráneo, ya que sus generales fueron los fundadores de dinastías que regirían la región hasta el siglo I a. C., abriendo una nueva época que los historiadores llaman helenística, y que sólo caería por el Imperio romano.

Tras arrasar Tebas, Alejandro ordenó que 30,000 supervivientes, entre ellos muchas mujeres y niños, fueran vendidos como esclavos.

....

Alejandro Magno

Nacimiento: 356 a. C.

Muerte: 323 a. C.

Lugar de nacimiento: Pella, Macedonia

Padres: Filipo II de Macedonia y Olimpia de Epiro

Matrimonios: Roxana, Barsine-Estatira, y Parysatis.

Hijos: Heracles de Macedonia y Alejandro IV de Macedonia.

Papel histórico: Conquistador, rey de Macedonia, de 336 a 323 a. C.; rey de Media y Persia, de 330 a 323 a. C.; y faraón de Egipto, de 332 a 323 a. C.

Hazañas históricas: Conquistó la mayor parte del mundo conocido hasta esa fecha, llegando desde la antigua Grecia hasta las riberas del Indo en la India.

....

"Llegué, vi y vencí": dice Julio César

Sin pudor alguno, mantiene relaciones con la reina Egipcia.

El Senado lo nombra dictador.

"¡Montoneros!", **gritaba** Julio César **mientras lo acuchillaban**.

Cayo Julio César creció en el seno de una de las más nobles familias del patriciado romano, la *gens Iulia*. Cuando llegó a la mayoría de edad, a los 15 años, su padre murió y fue nombrado *flamen dialis* (sacerdote de Júpiter), cargo que aunque no era relevante en el ámbito económico o político, sí representaba un gran prestigio social. Ese mismo año se casó con Cornelia, hija del cónsul Lucio Cornelio Cinna, que era el político que ejercía el poder en Roma. Al año siguiente nació su única hija, Julia.

Pero poco después, tras una breve guerra civil, Sila fue nombrado dictador por el Senado, un viejo cargo que daba poderes excepcionales a un individuo en una situación de emergencia. Sila realizó reformas legales y administrativas a favor de los *optimates*, y en contra de los que tuviesen algo que ver con Cinna y los *populares*, corriente a la que pertenecía Julio César, por lo que anuló el cargo sacerdotal de Julio César y le ordenó divorciarse de su mujer si no quería quedar fuera de la ley. Julio César se negó y fue declarado proscrito, huyó de Roma. A la muerte de Sila, en el año 78 a. C., Julio César decidió volver a Roma, dedicándose a asuntos particulares y dejando a un lado la vida política.

A la muerte de su tío Cayo Aurelio Cotta, heredó la plaza que ocupaba en el Colegio de los Pontífices, que asesoraba al Estado en asuntos religiosos. Entonces comenzó su carrera política, con prudencia, pues la situación política en Roma no había mejorado.

Julio César aprovechó el apoyo que tenían nuevamente los *populares*, para iniciar su carrera civil, obteniendo el cargo de *quaestor* (cuestor, administrador de la Hacienda pública, la más baja de las magistraturas). Fue enviado a la provincia de Hispania Ulterior, donde se desataco como administrador y tomó conocimiento directo de las provincias occidentales.

> *"Puso en marcha su proyecto político: cimentar su poder personal dentro del marco tradicional de la República y reformar sus instituciones para adecuarlas a la nueva realidad de un poder personal."*

En el año 68 a. C., murió su esposa Cornelia y contrajo matrimonio con Pompeya, nieta de Lucio Sila, como estrategia para mejorar las relaciones con sus oponentes políticos, los *optimates*. A los seis años de matrimonio, se divorció de ella.

En el año 61 a. C., fue enviado a Hispania Ulterior como *propretor* por la eficiencia administrativa que ya había mostrado, donde combatió a las tribus lusitanas que estaban bajo soberanía romana. Para el año 59 a. C., quería volver a Roma para presentarse como candidato a cónsul. Para este entonces, sus tropas le habían concedido el título de *imperator* (general, el que ejerce el mando).

Así, fue elegido cónsul, pero tuvo que realizar una alianza con los prohombres del momento, Pompeyo y Craso. A este pacto se le llamó Triunvirato. César ofreció a Pompeyo la mano de su hija y él, por su parte, contrajo matrimonio con Calpurnia, hija de Lucio Calpurnio Pisón.

Julio César siempre tuvo como oponentes a los miembros del Senado y necesitaba cimentar su posición con la adhesión de las tropas para tener el mando de una gran campaña militar, si quería imponerse, pero el Senado lo nombró administrador de montes y pastos en Italia, un destino muy lejano a sus ambiciones. Posteriormente, César logró que se le encomendase el proconsulado de las provincias de Galia Cisalpina y de Iliria, a las que poco después se sumaría la Galia Narbonense.

"El Senado lo nombró dictador perpetuo y emprendió importantes reformas"

En el año 48 a. C., Julio César pretendió presentarse nuevamente como candidato al consulado, pero necesitaba prolongar su gobierno en las Galias, hasta finales del año 49 a. C. El senado rechazó su solicitud, no dejando a Julio César otra salida que la de la guerra, por lo que pudo adueñarse de Roma y de Italia sin entablar batalla.

Después se trasladó a Hispania, donde logró la capitulación de sus oponentes sin necesidad de entrar en combate. Luego regresó a Roma donde se proclamó dictador y cónsul y se dirigió al sur de Ialia para embarcar sus tropas hacia Grecia, refugio de Pompeyo. En agosto del 48 a. C., las legiones de Julio César vencieron a las de Pompeyo.

Julio César atravesó el Mediterráneo para buscar refugio en Egipto, tomó partido por Cleopatra, con la que mantuvo una larga relación y de la que tuvo un hijo varón, Cesarión. Proclamó a Cleopatra "reina única de Egipto".

Posteriormente se trasladó a las provincias de Asia, donde Farnaces, el hijo de Mitrídates de Ponto, atacó el territorio romano para hacerse con el reino de su padre, pero fue vencido por Julio César, quien envió un mensaje al Senado informando de su victoria: *veni, vidi, vici* (llegué, vi, vencí).

De regreso a Roma, organizó el ataque a la región en que los pompeyanos y senatoriales retenían el poder, la provincia de África. En abril del 46 a. C., les derrotó en Thapsos, pero uno de los hijos de Pompeyo, Gneo Pompeyo, logró escapar con sus tropas hacia Hispania. En marzo del 45 a. C., Julio César derrotó a las últimas tropas enemigas en Munda, en las cercanías de Montilla, Córdoba, para poner fin a cuatro años de guerra civil. De allí regresó a Roma, donde entró triunfante por sus victorias.

"Impulsó una política de colonización de las provincias, que sirviese para premiar con tierras a los militares veteranos".

Entonces puso en marcha su proyecto político: cimentar su poder personal dentro del marco tradicional de la República y reformar sus instituciones para adecuarlas a la nueva realidad de un poder personal.

El Senado lo nombró dictador perpetuo y emprendió importantes reformas: acuñó monedas con su efigie; impulsó una política de colonización de las provincias, que sirviese para premiar con tierras a los militares veteranos e instalar a parte del proletariado urbano que hacía tan inestable la vida política de las ciudades; extendió la ciudadanía romana a las poblaciones de varias provincias;

reformó el calendario, llamado desde entonces "calendario julia- no", vigente en Europa occidental hasta finales del siglo XVI; or- denó la reconversión de deudas, según los bienes de los deudores; congeló el precio de los alquileres; entregó tierras a los campesi- nos en Italia; disolvió todas las asociaciones, exceptuando aquellas que tenían origen en los primeros tiempos de Roma; estableció impuestos sobre las mercancías extranjeras; reorganizó el ejército, incorporando a extranjeros; aumentó la rigurosidad del sistema pe- nal; realizó una importante obra pública; e impulsó una política de conciliación tras la guerra civil que le trajo varios adversarios.

Una de las leyes que fueron más criticadas y que posiblemente fue la que lo condenó a muerte, fue la decisión de reformar las instituciones republicanas, incluyendo a plebeyos y a extranjeros en el Senado, pues buscaba que el Senado fuese representativo, proporcionalmente, de los miembros de la sociedad romana, que eran considerados como bárbaros y amorales por los senadores ro- manos.

Además, a todos les disgustó la concentración de poderes en su persona, con los cargos de sumo sacerdote, general en jefe del ejército y dictador vitalicio, pues lo hacían ver más que a un rey, que a un magistrado. Parecía ser que Julio César se iba a convertir en un tirano que terminaría imponiendo una monarquía para aca- bar con la República.

"Buscaba que el Senado fuese repre- sentativo, proporcionalmente, de los miembros de la sociedad romana".

Julio César tenía la intención de comenzar una campaña contra los partos para poner paz definitiva en Oriente. Esta cuestión debía debatirse en la reunión del Senado el día de los *idus de marzo*. El Senado no podía permitir tal hazaña, por lo se llevó a cabo una conspiración, organizada por Marco Junio Bruto, quien era muy allegado a Julio César, y Casio Longino, en el año 44 a. C. Al entrar al Senado, Julio César fue saludado por los miembros, quienes sacaron sus dagas y lo apuñalaron, Julio César cayó a los pies de la estatua de Pompeyo. Se dice que al menos 60 senadores participaron en el magnicidio.

"Así mismo, inventó el llamado 'cifrado de César', que permitió a Julio César proteger sus mensajes en tiempos de guerra".

Pero su asesinato no logró parar el final de la República, pues no pudieron frenar la creación de una nueva forma de gobierno. En su testamento, Julio César declaró como su heredero e hijo adoptivo a su sobrino nieto Octavio, quien tras una guerra civil de 14 años contra Marco Antonio, pudo continuar la tarea de Julio César.

Julio César fue parte fundamental en la transformación de la República romana en Imperio romano, la construcción política que lograría ver unificado todo el mundo mediterráneo, cuna de la civilización, desde el antiguo Egipto hasta la cultura helenística.

Uno de los aspectos más reconocidos de su personalidad fue su genio militar e innovando tácticas que sorprendieron a sus contrarios. Dirigía sus tropas desde el frente de batalla y mantenía una férrea disciplina.

Así mismo, inventó el llamado "cifrado de César", un método criptográfico simple, que permitió a Julio César proteger sus mensajes en tiempos de guerra. Este cifrado consiste en sustituir

cada letra del mensaje por otra que se encuentre un número fijo de posiciones más adelante en el alfabeto.

Julio César, al término de la guerra civil, perdonó la vida a muchos de sus enemigos y hasta los propuso para cargos públicos, fue el caso de Casio Longino, quien conspiró contra su vida.

Pero Julio César también es visto como un rey tirano en los años previos a su muerte.

....

Julio César

Nacimiento: 13 de julio del año 100 a. C.

Muerte: 15 marzo de 44 a. C.

Lugar de nacimiento: Roma, Italia.

Padres: Cayo Julio César y Aurelia Cotta.

Matrimonios: Cornelia Cinna, Pompeya Sila y Calpurnia Pisón.

Hijos: Julia y Cesarión (no reconocido).

Papel histórico: Líder militar y político de la era tardorrepublicana.

Hazañas históricas: Su gobierno dictatorial acabó con la República Romana.

Circunstancias de su muerte: Asesinado en la Curia del teatro de Pompeyo, donde se reunía el Senado de Roma. Al menos 60 senadores participaron en el magnicidio.

....

Beneplácito de los romanos por el nuevo emperador

Se sacrificaron 160,000 víctimas en los altares de los dioses, en acción de gracias por su nuevo monarca.

Tratan de asesinarlo, entre los responsables está su propia familia.

Calígula se rodea de ciudadanos sin rango para evitar **otro posible complot.**

Cayo Julio César Augusto Germánico fue el tercer emperador de Roma, sucesor de Tiberio en el año 37 d. C. Era hijo de Germánico y Agripina. Nació el 31 de agosto del año 12 en Antium, hoy Porto d'Anzio, actual Italia. Sus hermanos fueron: Nerón, Druxo, Julia Livilla, Drusilla y Agripinilla. Y aunque varias veces contrajo matrimonio, sólo tuvo una hija: Julia Drusila. Se le dio el sobrenombre de *Calígula*, porque en su niñez usaba la *cáliga*, sandalia que llevaban los soldados romanos, cuando acompañaba a su padre Germánico; Calígula tenía la estima del pueblo por ser su hijo.

Vivió varios años en la corte de Tiberio, su abuelo adoptivo, logrando la cercanía con él, por lo que lo nombró su sucesor, junto con su primo Tiberio Gemelo; pero el Senado finalmente resolvió entregarle a Calígula todos los poderes.

El nuevo emperador fue bien recibido por el pueblo romano, tanto así, que durante los primeros tres meses se sacrificaron 160,000 víctimas en los altares de los dioses como acción de gracias por haber recibido tal emperador y el Senado decretó como día festivo el de su llegada al trono, considerándose como la nueva fundación de Roma.

A su llegada, Calígula no defraudó ni al Senado, ni al pueblo: devolvió a la Asamblea popular el derecho a elegir a los magistrados; respetó al Senado; decretó amnistías para los que habían sido condenados en tiempos de Tiberio; organizó grandes espectáculos circenses y combates de gladiadores, ganándose el apoyo del pueblo; adoptó al joven Tiberio Gemelo, dándole el título de Príncipe de la juventud; gratificó a la Guardia Pretoriana y a las tropas urbanas y fronterizas por los servicios prestados, y se mostró generoso con el pueblo. Ayudó a los afectados por el sistema imperial de impuestos, desterró a los delincuentes sexuales y abolió impuestos a la esclavitud.

> *"Calígula demeritó la función del Senado, reemplazó al cónsul y ejecutó a varios senadores, tras revisar los casos de los acusados por traición durante el reinado de Tiberio."*

Pero a los ocho meses se enfermó a causa de los excesos; aunque se curó, desde entonces quedó atacado de una especie de locura furiosa, a la que se atribuye su cambio de conducta. En este segundo período de reinado, dio muerte a su primo Tiberio Gemelo; a su suegro Marco Silano; a su confidente Macrón, que era su protector en tiempos de Tiberio; y a la mujer de Macrón, que había sido su querida. Expulsó de palacio y de Roma a sus hermanas, enviándolas a islas desiertas, y, en fin, hubo pocas familias que no tuvieran que lamentar la muerte de alguno de sus miembros, ya que asesinaba a quien él considerara como enemigo. Vació las arcas del imperio, con la realización de espectáculos públicos y fiestas de la corte. Difundió falsos juicios por traición para obtener dinero ilícito; obligó a los miembros ricos del Senado a hacerlo heredero de sus bienes y, cuando sabía que habían testado a su favor, los mandó asesinar. Estableció nuevos impuestos en los juicios, bodas y prostíbulos, y organizó subastas de venta de gladiadores en los espectáculos. Un día que en el circo faltaban criminales que echar a las fieras, hizo bajar a varios espectadores. Obligaba a los padres a presenciar la ejecución de sus hijos, a quienes también mandaba asesinar, la noche siguiente. Comenzó a creerse un dios y ordenó que se le adorase bajo el nombre de *Júpiter Latial*; también pretendía ser diosa y solía aparecer en público con los atributos de Venus o de Diana. Se erigió tres templos a sí mismo, dos en Roma y uno en Mileto.

Sostenía casas de prostitución en Roma y tuvo relaciones incestuosas con sus hermanas, a quienes obligó a prostituirse. Alardeaba de acostarse con las esposas de sus súbditos y de matar por pura diversión. Pretendió quemar las obras de Virgilio y Tito Livio, así como todas las obras de jurisprudencia, pues, según él, no eran necesarias, ya que su voluntad era la única ley.

Su inestable gobierno trajo una crisis económica y tiempos de hambruna, que intentó remediar con medidas desesperadas como pedir dinero al pueblo.

> *"En el plano internacional, Calígula anexó a Roma la provincia de Mauritania, a cuyo monarca asesinó en una de sus visitas a Roma."*

Entre sus extravagancias se dice que llamaba a gritos a la Luna para que bajara a acostarse con él. Mandó construir pesebres de mármol y marfil, y mantas con piedras preciosas y para su caballo *Incitato*, mismo al que lo nombró individuo del Colegio sacerdotal y planeaba hacerlo cónsul.

Calígula llevó a cabo un conjunto de reformas urbanísticas durante su reinado. La mayoría de estos edificios fueron de carácter privado. Los más importantes fueron las ampliaciones de los puertos de Regium y Sicilia, que hicieron posible el aumento en el volumen de cereales embarcados desde Egipto. Se erigió un gran circo, conocido como el Circo de Cayo y Nerón. En Siracusa, se repararon las murallas y los templos de la ciudad. Se construyeron nuevas carreteras y se repararon las antiguas. Construyó un puente flotante temporal que conectaba los puertos de Baiae y Puteoli. Ordenó la construcción de dos enormes embarcaciones; una de ellas para instalar un templo consagrado a Diana, y el otro era un palacio flotante para el emperador, con suelos de mármol y su propio sistema de cañerías.

En el plano internacional, Calígula anexó a Roma, la provincia de Mauritania, de cuyo monarca asesinó en una de sus visitas a Roma. Incorporó los territorios de Batanea y Traconítide, gracias a la concesión por parte de su amigo Herodes Agripa. Asimismo, inició los preparativos para la conquista de la isla de Britania, invadida posteriormente por Claudio.

En el año 39 llevó a cabo una expedición a Germania y a la Galia septentrional. En ese mismo año, se frustró una conspiración para atentar contra la vida de Calígula. Esta intriga implicó a las personas más allegadas del emperador. Esto comprobó que podrían convertirse en una amenaza constante para él. A partir de ese momento, Calígula comenzó a rodearse de ciertos individuos sin rango, que le debieran todo al emperador y que no pudieran ocupar su puesto, y a promoverlos, como es el caso de la familia imperial.

Así, a partir de la segunda mitad del reinado de Calígula, gente que por nacimiento y cultura pertenecían a la civilización del Oriente helenístico, asumieron un rol protagónico dentro del entorno íntimo del emperador. Estos individuos promovieron muchas de las medidas de Calígula, que tendían, por un lado, a centralizar el poder y ejercerlo de forma autocrática; y por otro lado,

a establecer un culto dirigido a su persona. Ésto ocasionó la inestabilidad del gobierno.

En el año 41 se llevó a cabo otro complot en el que estuvieron implicados los integrantes de la Guardia Pretoriana, liderados por Casio Querea, con el apoyo de muchos senadores. Esta conspiración tuvo éxito el 24 de enero del año 41, acabando con el emperador. También fueron asesinadas su esposa Milonia Cesonia y su hija Julia Drusilla. El cuerpo del emperador fue escondido hasta que sus hermanas pudieron incinerarlo y colocarlo en el Mausoleo de Augusto.

A su muerte, subió al trono su tío Claudio, quien ordenó la ejecución de los asesinos de su sobrino.

....

Calígula

Nacimiento: 31 de agosto de 12.

Muerte: 24 de enero de 41.

Lugar de nacimiento: Antium, Italia.

Padres: Germánico y Agripina.

Matrimonios: Junia Claudilla, Livia Orestilla, Lolia Paulina y Milonia Cesonia.

Hijos: Julia, Drusila
Papel histórico: Tercer emperador de Roma.

Reinado: 16 de marzo de 37 a 24 de enero de 41.

....

"San Miguel lo ordena": dice Juana.

Está convencida de que su misión es luchar contra los ingleses para ayudar al delfín, Carlos.

Derrota a un ejército de más de 4,000 hombres.

Es **sentenciada a morir** en la hoguera por herejía.

Juana de Arco, también conocida como la *Doncella de Orléans*, hija de campesinos, hilaba lana al lado de su madre o cuidaba de su rebaño en los prados del Mosa, cuando no acompañaba al padre en el arado. Aproximadamente en 1425, a la edad de trece años, Juana comenzó a experimentar visiones, que denominó como "su consejero", en las declaraciones durante su juicio celebrado en París. Según la propia Juana, las voces le hablaban de cerca y eran acompañadas, con frecuencia, por un resplandor. Más adelante, ella los reconoció como San Miguel, Santa Margarita, Santa Catalina y otros. "A menudo acuden sin que yo las llame, y nunca me faltan cuando las necesito".

En 1328, el rey de Fancia, Carlos IV, murió sin descendencia, y la corona pasó a manos de su primo Felipe VI. Por su parte, Eduardo III de Inglaterra, sobrino del fallecido monarca francés, reclamó la corona en 1339. Este fue el principio de la lucha por la sucesión monárquica que dio lugar a la *Guerra de los Cien Años*.

A la muerte de Carlos VI, en 1422, el hijo de Enrique V y Catalina de Valois, el infante En-

rique VI, fue coronado rey de Francia, apoyado por la casa de Borgoña, por lo tanto, se convirtió en Enrique VI de Inglaterra y Ide Francia. En tanto, los armagnacs se mantuvieron fieles al hijo del rey francés, Carlos VII, quien fue coronado de forma nominal en Berry. Los ingleses decidieron eliminar a Carlos VII e invadieron nuevamente Francia, poniendo sitio a Orléans, ciudad donde se encontraba el delfín.

> *"Aproximadamente en 1425, a la edad de trece años, Juana comenzó a experimentar visiones, que las denominó como "su consejero" en las declaraciones durante su juicio celebrado en París."*

En mayo de 1428, Juana ya no tuvo dudas de la misión que Dios le había encomendado: luchar contra los ingleses e ir en ayuda del futuro rey, el delfín Carlos, retenido en Orléans.

Juana primero acudió a Roberto Baudricourt, quien gobernaba para Carlos VII, por lo que se dirigió a Vaucouleurs. Ahí, predijo la liberación de Orléans, la coronación del monarca en Reims y anunció la derrota de los franceses en la Jornada de los Arenques, pero Baudricourt la ignoró.

Mientras tanto, Orléans fue sitiada el 12 de octubre de 1428 y para finales del año, la derrota total parecía inminente y la situación militar del rey Carlos se tornó desesperante.

Juana regresó con Baudricourt, quien ahora decidió apoyarla y se trasladó hacia Chinón, donde se encontraba el rey, acompañada de una escolta de tres hombres armados y vestida de hombre.

Juana se ganó la confianza del rey, gracias a que, por medio de las voces, le comunicó un secreto que sólo el rey conocía acerca de la legitimidad de su nacimiento. Así, se dirigió al sitio de Orléans, acompañada por más de 4,000 hombres. Juana consiguió derrotar a los ingleses y levantar el cerco de Orléans, el 8 de mayo de 1429.

Enseguida, el ejército de Juana liberó los puentes de Jargeau, Meung y Beaugency, durante la batalla de los Arenques. Después de la victoria de Patay, el camino del rey Carlos hacia Reims se pudo realizar para ser consagrado rey de Francia, el 17 de julio de 1429.

Después de asistir a la coronación del rey Carlos VII, Juana continuó luchando contra las tropas inglesas. Una vez conseguida la corona, el rey la abandonó y le negó el respaldo militar necesario para seguir expulando a los ingleses. Incluso, ni siquiera intentó rescatarla cuando fue hecha prisionera por el enemigo.

Durante la Campaña de Compiégne, Juana fue tomada prisionera por el duque de Borgoña, enemigo de Carlos VII y aliado de los ingleses, el 24 de mayo de 1430, y la vendió a los ingleses como botín de guerra. Los invasores la llevaron a un castillo en Ruan, capital de Normandía, territorio que controlaban por completo, y procedieron a juzgarla.

> *"Juana se ganó la confianza del rey, gracias a que, por medio de las voces, le comunicó un secreto que sólo el rey conocía acerca de la legitimidad de su nacimiento."*

Juana fue acusada de ser un agente del demonio. Por orden de los ingleses fue examinada por los inquisidores de París y llevada a juicio por herejía en Ruan, en 1431. No contó con abogado defensor y firmó, engañada, una abjuración de la fe. Se intentó culparla de realizar prácticas supersticiosas, afirmando que utilizaba objetos con poderes misteriosos, a lo que ella respondió: "no se podrá demostrar que haya hecho algo que atente contra la fe cristiana". A lo largo del juicio, Juana mostró una actitud arrogante que causó enojo en los representantes de la iglesia y, de hecho, fue un factor importante para ser llevada a la hoguera.

Como mártir y símbolo de la unidad francesa, fue beatificada en 1909 y canonizada en 1920, año en que Francia la proclamó su patrona.

Juana fue relajada al brazo secular, en este caso los ingleses, en cuyo poder estaba la ciudad de Ruan. La sentencia se cumplió el 30 de mayo de 1431, en la plaza del mercado. La ceremonia fue presidida por inquisidores, religiosos y magistrados. Más de diez mil personas, en su mayoría ingleses, se agolparon para verla. En 1456, el Papa Calixto III, la declaró inocente de herejía y la convirtió en mártir.

Como mártir y símbolo de la unidad francesa, fue beatificada en 1909 y canonizada en 1920, año en que Francia la proclamó su patrona. Su festividad se celebra el día del aniversario de su muerte.

Juana de Arco se ha convertido en un mito que encarnanaría el patriotismo republicano, popular y anticlerical.

Se dice que Juana nunca tomó el mando del ejército, sino que sólo ayudaba y aconsejaba en las operaciones, ya que no fue educada en las actividades de guerra, pues sólo un escaso sector de la población masculina tenía acceso a la carrera militar. Es difícil saber cómo es que llegó a convertirse en una guerrera audaz y en una excelente estratega. Asimismo, se conoce de la extraordinaria fuerza de Juana, no sabemos hasta qué punto exagerada por la tradición oral.

Juana fue utilizada por la soberanía para sus fines, para más tarde ser sacrificada. Su muerte fue el precio que debió pagar para que se restableciera el orden soberano. Juana, a su vez, evoca por primera vez la imagen de la patria común.

Entre los historiadores hay quienes opinan que las voces eran casos de alucinación, histeria o neurosis.

Hay quienes estiman que su intervención en la historia ha sido más bien inoportuna para Francia y que la unión de ambos países, bajo la corona de Inglaterra, hubiera integrado una nación poderosa, preponderante en Europa.

....

Juana de Arco

Nacimiento: Alrededor de 1412.

Muerte: 30 de mayo de 1431.

Lugar de nacimiento: Domrémy, Francia.

Padres: Jacques d'Arc e Isabelle Romée.

Papel histórico: Heroína nacional de Francia, al darle la victoria sobre las tropas inglesas

Hazañas históricas: Liberó la ciudad de Orléans, lo que permitió a Carlos VII coronarse en Reims como rey de Francia, el 17 de julio de 1429.

Circunstancias de muerte: Quemada en la hoguera.

....

La reyna se casa en secreto

Apoya una extraña propuesta de encontrar una nueva vía para llegar a Asia.

....

El Papa Alejandro VI les otorga a Isabel y a Fernando, el título de Reyes Católicos por defender la fe.

....

En su testamento deja el trono a **su hija Juana**, quien **está considerada como débil de sus facultades mentales.**

sabel I de Castilla fue educada hasta los 13 años, con gran influencia portuguesa. Vivió rodeada de un grupo de damas de compañía y tutores designados directamente por su padre antes de morir, recibió una formación humanística basada en la gramática, la retórica, la pintura, la filosofía y la historia.

Isabel estaba comprometida desde los tres años con Fernando, hijo de Juan II de Aragón, pero Enrique IV, su hermano, rompió este acuerdo para comprometerla con Carlos, príncipe de Viana, hermano de Blanca de Navarra, su primera esposa. Enrique también trató de casar a su hermana con el rey Alfonso V de Portugal, pero Isabel hizo uso de sus derechos y rechazó la propuesta. Así mismo, Enrique acordó con la Corte Francesa, desposar a su hermana con el duque de Guyena, hermano de Luis XI. Mientras tanto, hubo otras propuestas de matrimonio. Finalmente, Isabel se decidió por Fernando y comenzaron las negociaciones de la boda en secreto. Aparte de la negación de Enrique, estaba el hecho de que Isabel y Fernando eran primos segundos, por lo que

Isabel solicitó la bula papal que les exonerara de esta consanguinidad. El documento nunca se firmó, pues el Papa temía enemistarse con los reinos de Castilla, Portugal y Francia, todos ellos con un pretendiente para Isabel. Pero Alonso de Carrillo, arzobispo de Toledo, les propuso presentar una supuesta bula. Finalmente, el 19 de octubre de 1469, se casó en secreto con Fernando.

El 13 de diciembre de 1474, Isabel I se autoproclamó como reina de Castilla, un día después de la muerte del rey Enrique IV, pero a las pocas semanas, su sobrina y ahijada Juana, hizo lo mismo. Juana se comprometió en matrimonio con su tío, el rey Alfonso de Portugal, con el objetivo de defender sus derechos. Este era el comienzo de la Guerra de Sucesión Castellana, que terminó hasta septiembre de 1479, con los tratados de Alcáçovas y Moura, reconociendo como reina de Castilla a Isabel. Entonces, exigió que su sobrina renunciara al matrimonio con Alfonso y entrara como monja en el convento de las clarisas de Coimbra, para garantizar que no tuviera descendencia.

En el mismo año, murió Juan II de Aragón, por lo que Fernando se convirtió en rey de Aragón, Sicilia, Cataluña, Valencia, Baleares y Cerdeña.

Cuando Isabel subió al trono, el reino se encontra- *"Con el* ba debilitado por conflictos internos *descubrimiento de* y por la adminis- tración negligente *América en 1492, se dio* de sus predece- sores. Isabel, des- *un proceso de evangeli-* de el principio, promovió la partic- *zación de los habitantes* ipación de la na- ción en la actividad *de las nuevas* reformadora y el respeto por las liber- *tierras."* tades regionales y por los fueros, lo que le permitió alcanzar, en un tiempo breve, la pacificación del país.

Isabel publicó un código para todo el Reino, titulado *Ordenanzas Reales de Castilla*, con el cual reformó el clero y las órdenes religiosas, creándose un episcopado preparado y una legión de santos y de misioneros, que serían llamados a la evangelización de las Canarias, del emirato musulmán de Granada, de las Américas y de las Filipinas. Promocionó también los estudios eclesiásticos, y creó colegios y academias para laicos de ambos sexos, de donde egresó una clase dirigente bien preparada y de vasta cultura que en el futuro contribuyeron al Renacimiento español, a la Reforma católica y al Concilio de Trento.

Una de las preocupaciones principales de Isabel fue la protección y propagación de la fe, por lo que consiguió del Pontífice, la creación del Tribunal de la Inquisición, institución que se encargó de la amenaza representada por las falsas conversiones de judíos y musulmanes. Cuando Isabel ascendió al trono, la convivencia entre judíos y cristianos estaba muy deteriorada.

> *"En 1494, Isabel y Fernando firmaron con Portugal el Tratado de Tordesillas, que delimitó sus dominios en el océano Atlántico."*

Los falsos conversos fueron consiguiendo altos cargos civiles y eclesiásticos, situación preocupante para Isabel y Fernando, por lo que fue necesario alejar a los judíos de Castilla y de Aragón; así, el 31 de marzo de 1492, los reyes expulsaron a los judíos no conversos.

Finalmente, la victoria llegó para los católicos tras la capitulación de Granada, el 2 de enero de 1492, tras diez años de lucha.

Dos meses después de la reconquista de la ciudad, Isabel apoya el proyecto, aparentemente irrealizable, de Cristóbal Colón. En el cuartel general de Granada, se firmaron las Capitulaciones de Santa Fe, documento que ponía en marcha su expedición.

Con el descubrimiento de América en 1492, se dio un proceso de evangelización de los habitantes de las nuevas tierras. Los reyes se preocuparon por el trato justo de los indígenas e instauraron la encomienda en la isla Española.

En 1494, Isabel y Fernando firmaron con Portugal el *Tratado de Tordesillas*, que delimitó sus dominios en el océano Atlántico. Crearon también la *Santa Hermandad*, un cuerpo de policía para disminuir el bandidaje, que garantizara mejores condiciones para el comercio y la economía.

El 19 de diciembre de 1496, el Papa Alejandro VI otorgó a Isabel y Fernando, el título de Reyes Católicos por defender la fe católica, por las reformas en la disciplina del clero y de las órdenes religiosas, y por la rendición de los moros.

Los últimos años de Isabel fueron muy difíciles, debido al fallecimiento de su hijo Juan en 1497, de su hija Isabel en 1498, de su nieto Miguel, además de la locura de su hija Juana, los desprecios de su yerno, Felipe *el Hermoso*, y el incierto futuro de su hija Catalina tras la muerte de su esposo inglés.

Isabel murió en Medina del Campo, el 26 de noviembre de 1504; en su testamento nombró como su sucesora a su hija Juana, pero fue encerrada y declarada loca. Entonces, el reino pasó a manos de su padre, Fernando, y más tarde al marido de Juana, Felipe *el Hermoso*.

Entre sus muchos aciertos está el descubrimiento de América, el reconocimiento que los habitantes de América son hombres como los demás, y que hay que hacer valer sus derechos humanos. Prefirió la austeridad presupuestaria al comprender el efecto negativo del alza de los impuestos en la economía. Isabel quería que las mujeres recibieran una educación académica similar a la de los hombres. A ella se le debe el otorgamiento de las primeras indemnizaciones y pensiones para viudas y huérfanos de la guerra, y la creación de los primeros hospitales de campaña durante la guerra de Granada.

Isabel la Católica

Nacimiento: 22 de abril de 1451.

Muerte: 26 de noviembre de 1504.

Lugar de nacimiento: Madrigal de las Altas Torres, Ávila, España.

Padres: Juan II de Castilla e Isabel de Portugal.

Matrimonio: Fernando II de Aragón.

Hijos: Isabel (1470-1498), Juan (1478-1497), Juana (1479-1555), María (1482-1517) y Catalina (1485-1536).

Papel histórico: Reina de Castilla y reina consorte de Aragón, Mallorca, Nápoles, Valencia y Sicilia, y condesa consorte de Barcelona.

Hazañas históricas: Isabel reorganizó el sistema de gobierno y la administración. Estableció el Tribunal de la Inquisición. Expulsó a los judíos y a los musulmanes de sus reinos. Apoyó el proyecto de Cristóbal Colón para buscar las Indias occidentales, lo que llevó al descubrimiento de América.

Torquemada es el primer inquisidor de Castilla

Castiga sin piedad a los herejes, las brujas, los bígamos y los usureros.

Es nombrado el confesor de Fernando e Isabel.

Manda **a la hoguera** a más de **2,000 herejes.**

omás de Torquemada nació dentro de una familia noble castellana. Fue sobrino del teólogo y cardenal, Juan de Torquemada. Tenía ascendencia judía, ya que una de sus abuelas era judeoconversa.

Torquemada ingresó en la Iglesia como miembro de la orden de los dominicos, en el convento de San Pablo, en Valladolid y en 1452 fue nombrado *prior* del monasterio de Santa Cruz, en Segovia.

La convivencia entre católicos, musulmanes y judíos en territorios cristianos fue más o menos pacífica durante varios siglos; pero a finales del siglo XIV, creció cada vez más un odio de los cristianos viejos hacia los judíos y los judeoconversos.

La península Ibérica pasaba por la disputa de Portugal, por la corona del reino de Castilla, el antijudaísmo y la consolidación del proyecto político de alianza de los reinos de Castilla y Aragón, desarrollado por los Reyes Católicos.

Fernando e Isabel tenían un objetivo político: la unidad del territorio español; pero para lograrlo era imprescindible la unión religiosa de la península Ibérica. Por ello, después de la denuncia por parte del fraile dominico, fray Alonso de Hojeda, aludiendo que varios conversos con-

tinuaban ejerciendo el judaísmo, solicitaron al papa, Sixto IV, la creación de un Tribunal de la Inquisición en Castilla, para perseguir a los supuestos falsos cristianos. Este fin religioso estaba muy ligado a los fines políticos y económicos, pues no sólo querían lograr el control religioso en los reinos de Castilla y Aragón, sino, además, el control económico de los judíos, cuyas riquezas los habían hecho muy influyentes.

Así, el Papa, mediante una bula promulgada el 1 de noviembre de 1478, creó el Tribunal de la Santa Inquisición, nombrando a dos inquisidores en el reino de Castilla.

Torquemada estuvo siempre cercano a la corte, gracias a que era confesor del secretaria y tesorero de la reina, Hernán Núñez de Arnalt. Desde 1474, fue nombrado confesor de los Reyes Católicos y designado gran inquisidor para toda España por el papa Inocencio VIII, en 1483, por recomendación de la reina Isabel.

"En 1492, persuadió a Fernando e Isabel de expulsar a todos los judíos que se rehusaran a bautizarse."

Torquemada, persiguió "delitos" como la herejía, la brujería, la bigamia y la usura; apoyó la expulsión de los moriscos de España, pero fue especialmente hostil con los judíos. Convencido de que los no católicos y los falsos conversos eran capaces de destruir a la Iglesia y a los reinos españoles, utilizó la Inquisición durante los 11 años siguientes para investigar y castigar a marranos, moros, apóstatas y otros, a una escala sin precedentes. Exigió a los monarcas una prohibición para que los judíos no ejercieran oficios públicos y no les fueran cedidas rentas reales. Asimismo, promovió la quema de literatura no católica, en particular de bibliotecas judías y árabes.

En 1492, persuadió a Fernando e Isabel de expulsar a todos los judíos que se rehusaran a bautizarse. Para frustrar esta medida, los judíos ofrecieron pagar al gobierno español 10,000 ducados si los dejaban tranquilos, pero los reyes católicos rechazaron la oferta.

Se creó, mediante una nueva bula papal, el Consejo de la Suprema y General Inquisición, conocida como *La Suprema* y se nombró a fray Tomás de Torquemada como primer inquisidor de Castilla y Aragón.

En 1484, Torquemada redactó el reglamento común de los inquisidores.

Las acusaciones de herejía comenzaron a llegar a los tribunales de la Santa Inquisición. Cuando alguien era detenido como sospechoso, se le consideraba, de entrada, culpable; se le sometía a tortura y la muerte era ofrecida como recompensa por la confesión.

Una vez declarados formalmente culpables, se enviaban al brazo secular, es decir, se entregaban a los tribunales reales que eran los encargados de pronunciar la sentencia de muerte y de conducir a los reos al lugar donde iban a ser ejecutados en ceremonias públicas. La forma de castigo más común era la incineración.

Se estima que Torquemada mandó quemar a más de 2,000 herejes.

> *"Cuando alguien era detenido como sospechoso, se le consideraba, de entrada, culpable; se le sometía a tortura y la muerte era ofrecida como recompensa por la confesión".*

Al principio, el Tribunal de la Santa Inquisición no fue bien recibido por la población, pero Torquemada manipuló la historia de Pedro de Arbués, inquisidor de la Corona de Aragón, argumentando que había sido asesinado a manos de unos herejes judíos en Zaragoza. De igual manera lo sucedido en Ávila, a raíz del asesinato del "Santo Niño de La Guardia". Esto provocó un comportamiento más violento contra los judíos, a los que se acusaba del infanticidio.

"Fue un hombre que marcó su tiempo y los que le sucedieron, pero cuya vida privada fue siempre recatada. Fue el causante de la muerte de miles de seres humanos y de la tortura de muchos más. Creó la máquina de represión religiosa y política más eficaz de la historia: la Inquisición española".

Torquemada fue promotor de las artes, utilizándolas como un importante instrumento de propaganda de su programa político-religioso. De la misma manera, fue responsable de dos nuevas obras arquitectónicas: el convento de Santa Cruz de Segovia y el de Santo Tomás de Ávila, así como la fundación de la biblioteca de éste último, una de las mejores y más completas de la Orden.

Al final de su vida, renunció a los arzobispados de Sevilla y Toledo, ofrecidos por los reyes, y se retiró al convento de Santo Tomás de Ávila, donde falleció el 16 de septiembre de 1498.

Fue un hombre que marcó su tiempo y los que le sucedieron, pero cuya vida privada fue siempre recatada. Fue el causante de la muerte de miles de seres humanos y de la tortura de muchos

más. Creó la máquina de represión religiosa y política más eficaz de la historia: la Inquisición española. Torquemada fue el artífice de la unidad política y religiosa de los reinos españoles, tan ansiada por los Reyes Católicos; y su legado de intolerancia ha llegado hasta nuestros días. Las crónicas le presentan como un hombre austero, de fuerte personalidad y preocupado por el problema de la heterodoxia religiosa. Se han destacado sus dotes de eficiente administrador, así como su integridad, su capacidad de trabajo y su insobornabilidad.

....

Tomás de Torquemada

Nacimiento: 1420.

Muerte: 16 de septiembre de 1498.

Lugar de nacimiento: Valladolid, España.

Papel histórico: Inquisidor mayor del Tribunal del Santo Oficio.

Legado: Logró la unidad política y religiosa de los reinos españoles, a través de la expulsión, tortura y muerte de miles de judíos.

Congregación: Orden de Predicadores.

....

El rey acusa de adúltera a su esposa y manda ejecutarla

Firma el Tratado de Westminster y forma la Liga Católica contra Francia.

Pretende convertir a su hijo bastardo en heredero al trono.

Confisca los **monasterios** que tienen deudas.

nrique VIII era el segundo en la línea de sucesión al trono, después de su hermano mayor Arturo, Príncipe de Gales. A sus tres años, su padre le concedió el título de duque de York, de conde-mariscal de Inglaterra y de lord teniente de Irlanda.

Enrique aprendió a hablar con fluidez el latín, el francés y el castellano. Le gustaba escribir, componer poesías y pequeñas obras musicales. Era deportista, practicaba el tenis, la caza y las justas caballerescas, que tuvo que dejar después de un accidente que cambió su salud física y mental. Era gran aficionado a los juegos de azar, jugaba a los dados, las cartas y tenía una obsesión con las apuestas.

El 21 de abril de 1509, con apenas 18 años de edad, Enrique VIII se convirtió en rey y antes de ser coronado en Westminster se casó con su cuñada viuda, Catalina.

Enrique y Catalina fueron corona-  dos reyes de Inglaterra el 24 de junio de 1509 y dos años después, Inglaterra conformó la Liga Católica con- tra Francia, firmándose el Tratado de West- minster, en el que pro- metía ayuda mutua a España contra Francia. Enrique luchó personalmente, logrando una gran victoria en la Batalla de Guinegatte. Por su parte, Jacobo IV de Escocia, aliado de Francia, invadió Inglaterra por el norte, pero fue derrotado y muerto, terminándose así el conflicto.

En 1514, Fernando de España abandonó la alianza, entonces Enrique comenzó a hablar sobre un posible divorcio con Catalina, como represalia. Sin embargo, con la ascensión en 1515 de Francisco I al tono francés, se reavivó el antagonismo entre España y Francia. En 1516 Catalina dio a luz a una niña, María. El rey católico, Fernando, murió en 1516, y su nieto Carlos, sobrino de Catalina, subió al trono. Enrique se alió con éste, a través del tratado de Bruja, y Francisco I de Francia fue derrotado por el ejército de Carlos I en la Batalla de Pavia, en 1525. Enrique, por su parte, declinó su ayuda para conquistar Francia. Esto terminó con el Tratado de Westminster.

"Era gran aficionado a los juegos de azar, jugaba a los dados, las cartas y tenía una obsesión con las apuestas."

Con el advenimiento de la reforma luterana, fue proclamado "defensor de la fe" por la iglesia católica, al escribir un libro criticando a Lutero, el *Tratado de los siete sacramentos*, concediéndosele el título de *inclitissimus*. Este honor lo mantuvo aún después de romper con Roma, y es todavía usado por la monarquía británica.

Enrique ya había tenido un hijo bastardo con Lady Elizabeth Blount en 1519: Lord Henry FitzRoy, primer conde de Nottingham, y pensó en convertirlo en heredero. Así, lo elevó al más alto rango nobiliario, otorgándole dos ducados: los de Richmond y de Somerset.

Se empezó a interesar en otras mujeres, teniendo una relación con María Bolena, con quien tuvo 2 hijos: Catalina Carey y Enrique Carey. Con María Berkeley, con quien tuvo a Tomás Stucley y a John Perrot. Y con Juana Dyngley, con quien tuvo una hija,

Etheldreda Malte. Así que empezó sus planes para divorciarse de Catalina, que había dejado de serle útil. El largo intento de terminar con su matrimonio fue denominado "la cuestión real". Con la consagración de Thomas Cranmer como arzobispo de Canterbury, en marzo de 1533, se anuló el matrimonio, cuando éste lo declaró ilegal. El 25 de enero de 1533, Enrique y la cortesana Ana Bolena contrajeron nupcias. El papa excomulgó a Enrique y su respuesta fue el Acta de Supremacía de 1534, con aprobación parlamentaria, que colocaba al rey de Inglaterra como máximo jerarca de la iglesia, desconociéndose la autoridad del papa. Entonces, Enrique obligó a los funcionarios y miembros del clero a que lo reconocieran como tal, prestándole juramento de fidelidad, so pena de ejecución.

> *"Enrique VIII falleció el 28 de enero de 1547 y fue enterrado junto a Jane Seymour, a la que consideró su auténtica esposa."*

En 1534, el parlamento aprobó varias leyes que alejaron a Inglaterra de Roma, como la Ley de restricción de apelaciones, que prohibió las apelaciones de las cortes eclesiásticas al papa y previno que la Iglesia decretara cualquier tipo de regulación sin previo consentimiento del Rey. La Ley de designaciones eclesiásticas decretó que los clérigos elegidos para obispos debían ser nominados por el soberano. La Ley de Supremacía declaraba que "el rey es la única cabeza suprema de la Iglesia de Inglaterra en la tierra". La Ley de traiciones convirtió en alta traición, castigada con la muerte, si se desconocía la autoridad del rey. Al papa se le negaron todas las fuentes de ingresos monetarios como el Denario de San Pedro. En 1536, una ley de Parlamento permitió a Enrique confiscar las posesiones de los monasterios con deudas. También realizó algunas concesiones en materia de dogma, como abolir el celibato de los sacerdotes, sin afectar la jerarquía eclesiástica. Forjó así la simiente del protestantismo, que sería impuesto por su sucesora.

En 1538, Enrique ordenó la destrucción de los santuarios de todos los santos de la Iglesia católica romana y para 1538, todos los monasterios existentes habían sido disueltos y sus propiedades transferidas a la corona.

Después de dos embarazos frustrados, sin dar al rey un heredero varón, Enrique acusó a Ana de usar brujería para convertirlo en su esposo, de tener relaciones adúlteras con cinco hombres, de incesto con su hermano Jorge Bolena, de injuriar al rey y conspirar para asesinarlo, con el agravante de traición.

Se torturó a personas para que declarasen en contra de Bolena, y finalmente, el 19 de mayo de 1536, Ana murió decapitada, a igual que su hermano y los 4 hombres implicados en la acusación.

Para entonces, Enrique ya había encontrado otra futura reina, Jane Seymour, con quien se casó pocos días después de la ejecución de Ana. El Acta de Sucesión de 1536 declaró a los hijos de Jane dentro de la línea sucesoria, excluyendo a sus otras hijas, María e Isabel.

En 1536, se desató en el norte de Inglaterra una revuelta conocida como la *Peregrinación de Gracia*. Los líderes de la rebelión fueron acusados de traición y ejecutados. En 1538, Enrique ordenó la destrucción de los santuarios de todos los santos de la Iglesia católica romana y para 1538, todos los monasterios existentes habían sido disueltos y sus propiedades transferidas a la corona.

En 1537, Seymour dio a luz a un hijo varón; doce días después Jane murió.

El 6 de enero de 1540, Enrique contrajo matrimonio con Ana de Cleves, de influyente familia protestante, para asegurarse su apoyo y en caso de un ataque católico; y también por si necesitaba otro heredero varón, debido a la débil salud de su hijo Eduardo. El 9 de julio de 1540, el matrimonio fue anulado, bajo el alegato de su no consumación, pero el verdadero motivo eran consideraciones políticas, pues su hermano, el duque de Cleves, estaba en disputa con Carlos V, Emperador del Sacro Imperio Romano Germánico.

Después eligió a la prima de Ana, Catalina Howard, para casarse con ella el 28 de julio de 1540; sin embargo, fue acusada de adúltera y ejecutada el 13 de febrero de 1542.

Su última esposa fue Catalina Parr, con quién se casó el 12 de julio de 1543. Catalina mantuvo buena relación con los hijos de Enrique, ejerciendo gran influencia en ellos y logrando la reconciliación de Enrique con María e Isabel, mismas que lograron ser incorporadas como sucesoras al trono, después de su hermano Eduardo, en 1544.

"Según una investigación realizada en 2011, se sugiere que Enrique tenía el síndrome de McLeod, que hacía casi inviable que tuviera hijos varones".

Enrique fue uno de los fundadores de la Armada Real Británica. Durante su reinado se desarrollaron varias batallas navales y se invirtieron importantes recursos en la construcción de barcos y en la innovación tecnológica, como el uso de artillería a bordo. Para proteger las costas, mejoró numerosas defensas, como el Castillo de Dover y otras fortificaciones y guarniciones de artillería. Muchas de estas construcciones se efectuaron con material obtenido durante la disolución de los monasterios, entre 1536 y 1541.

Enrique VIII falleció el 28 de enero de 1547 y fue enterrado junto a Jane Seymour, a la que consideró su auténtica esposa, en la Capilla de San Jorge del Castillo de Windsor. Su hijo se convirtió en Eduardo VI de Inglaterra.

Según una investigación realizada en 2011, se sugiere que Enrique tenía el síndrome de McLeod, que hacía casi inviable que tuviera hijos varones y en general dificultaba enormemente que tuviera hijos sanos. Esto podría explicar su irascibilidad, sus ataques de ira y sus paranoias.

Pese a ser un hombre fuerte y musculoso, de talla imponente, sus genitales no iban en proporción con la imagen de su imponente físico. Su voluminoso cuerpo emanaba el pestilente hedor que destilaba de una úlcera en su pierna. A su muerte, en el momento de trasladar su cuerpo desde Whitehall hasta Windsor, su féretro se partió en dos, debido al enorme peso del difunto rey, que se calcula era alrededor de 136 kg.

Enrique VIII de Inglaterra

Nacimiento: 28 de junio de 1491.

Muerte: 28 de enero de 1547.

Lugar de nacimiento: Greenwich, Reino Unido.

Padres: Enrique VII y Elizabeth de York.

Hermanos: Arturo, Margarita, Isabel, María, Edmundo y Catalina, que murió al nacer.

Matrimonios: Catalina de Aragón y Castilla, Ana Bolena, Jane Seymour, Ana de Cleves, Catalina Howard y Catalina Parr.

Hijos: legítimos: María Tudor, Isabel I y Eduardo VI. Ilegítimos: Enrique Fitzroy, Catalina Carey, Enrique Carey, Tomás Stucley, John Perrot y Etheldreda Malte.

Papel histórico: Rey de Inglaterra y señor de Irlanda, desde 1509 hasta 1547.

Hazañas históricas: Ejerció el poder absoluto entre todos los monarcas ingleses. Rompió con la Iglesia católica romana y se estableció como jefe supremo de la Iglesia de Inglaterra, la Iglesia anglicana. Ha pasado a la Historia como el rey que se deshacía de sus esposas, según su conveniencia.

Iván IV es el nuevo zar

Iván, mejor conocido como *el Terrible*, logra acabar con más de 300 años de dominación tártara.

Por primera vez, Rusia establece vínculos comerciales con Inglaterra.

El **líder mata** accidentalmente **a su primogénito,** de un bastonazo.

Iván IV Vasílievich, primer zar de todas las Rusias y príncipe de Moscovia, ascendió al trono como gran duque cuando tenía tres años de edad, tras la muerte de su padre, el 4 de diciembre de 1533. Tuvo un hermano, Yuri, dos años menor que él, débil mental.

En apariencia, el muchacho era el típico príncipe ruso de la época; pasó su juventud cazando, entre mujeres, bebiendo, robando a mercaderes, aterrorizando a infortunados aldeanos y, sobre todo, viendo cómo la nobleza de los boyardos se repartía los bienes y cargos públicos en medio de constantes disputas y crisis políticas. Pero también se le veía en compañía de humildes y educados clérigos, eligiendo a uno de ellos, Alexei Ardatchev, como su íntimo amigo y más estrecho colaborador; y como asesor al obispo de Moscú, Macario, con quien estudió retórica y se hizo profundamente religioso.

A los 13 años, Iván comenzó a ser respetado, ordenando a un grupo de leales suyos que capturaran al príncipe Andrey Shúisky, para arrojarlo a una jauría de perros que lo despedazarían. A los 16 años leía muchos libros, destacando en escritura, era muy corpulento y musculoso. Cuando tenía 17 años tomó, finalmente, las riendas del país.

Así, el 16 de enero de 1547, Iván IV de manos del obispo, fue coronado zar (derivado del latín *caesar*), basando su derecho al trono emparentándolo con los césares romanos y consiguiendo aún más respeto.

Se casó al menos siete veces, pero el matrimonio más importante sería el primero, con Anastasia Romanovna Zajárina, en 1547, dos semanas después de ser coronado.

> *"Fue coronado zar (derivado del latín caesar), basando su derecho al trono emparentándolo con los césares romanos."*

Al principio de su mandato, estableció un nuevo código penal; centralizó el poder en Moscú; organizó un consejo de elección, para reducir el poder de los boyardos; creó el primer ejército permanente de 3,000 *streltsí* (en singular *streléts*) o mosqueteros, quienes recibían terrenos en pago a sus servicios, y que serían la principal infantería rusa durante los 150 años siguientes.

Iván impulsó las artes y las letras e introdujo la imprenta en Rusia. Asimismo, en 1551 convocó un concilio para crear una Iglesia afín a sus propósitos.

Con Iván IV se dejaron sentir los primeros síntomas de cambio en Moscovia. A través del comercio Báltico y a medida que aumentaba el poder económico ruso, y para poder competir con los países occidentales, inició una política de apertura hacia Europa. Esta actitud era revolucionaria, ya que sus antecesores fueron antieuropeos a ultranza.

> *"La crueldad del príncipe empañó sus logros, pasando a la historia con el sobrenombre de Iván el Terrible."*

Durante este período, Iván logró expandir el territorio ruso. Una de sus más grandes hazañas fue la anexión del Kanato de Kazán en 1552 y del Kanato de Astracán en 1556, controlando así el río Volga, abriendo el camino hacia Liberia y Asia Central, y acabando con la dominación tártara de más de 300 años.

Así, Rusia se extendió un millón de kilómetros cuadrados. Para conmemorar este hecho, Iván ordenó la construcción de la Catedral de San Basilio, que actualmente se encuentra en la plaza roja y es un ícono de Rusia.

En 1554 nació su hijo Iván, mientras que su hijo Fiódor nació en 1557, con lo que se aseguró la continuidad dinástica.

En 1560, su esposa murió, lo que provocó que el autoritarismo de Iván IV se acentuara, mostrando los primeros síntomas psicópatas que después se agravarían y lo llevarían a cometer toda clase de atrocidades, acompañadas de una gran religiosidad; cualquier oposición a su autoritarismo era eliminado.

Sumido en el dolor, hizo responsables de la muerte de su esposa, a su amigo Alexei Ardatchev y a su consejero, el monje Silvestre, acusándolos de utilizar embrujos. Si bien les perdonó la vida, los destituyó y encarceló, y dio muerte al hermano de Alexei y a su hijo de doce años.

El zar creó los opríchnik, su guardia personal y policía estatal, instrumento de un verdadero y absoluto terrorismo de Estado, ante cualquier peligro de conspiración y revuelta, que eran famosos por su despiadada crueldad contra la población. Comenzó aquí el período de poder más cruel del monarca.

Entre 1560 y 1564, desencadenó una sangrienta represión contra los boyardos y el clero, prescindiendo de los consejeros de la Rada.

El 1570 fue especialmente sangriento, principalmente en Novgorod, donde tuvo lugar una masacre debida al descontento de la población con el zar. Los opríchnik entraron en Novgorod y arrasaron la ciudad, dejando alrededor de 2,200 víctimas. Algo parecido ocurrió contra la ciudad de Pskov.

Los ataques de locura del zar han sido explicados por el uso de mercurio para el tratamiento frecuente, en esta época, de la sífilis, lo que provocaba daños cerebrales que causaban cambios de humor y ataques eufóricos y coléricos.

"La crueldad del príncipe empañó sus logros, pasando a la historia con el sobrenombre de Iván *el Terrible*.

En 1571, los tártaros de Crimea quemaron los alrededores de Moscú, calculando el número de víctimas en más de un millón a causa de los incendios y hambrunas posteriores. Iván lanzó un contraataque que acabó con los invasores en la batalla de Molodi.

En 1581, durante una discusión con su primogénito, Iván IV, en un arranque de cólera, lo asesinó de un bastonazo, hecho que lo perturbó más.

Entre 1581 y 1583, conquistó el khanato de Siberia, que daría nombre al territorio. También fue derrotado en la guerra con Livonia y se vio obligado a entregar a Suecia las regiones de Ingria y Karelia Meridional, además de devolverle a Polonia la región de Livonia.

Iván IV murió en su cama tras desmayarse, el 18 de marzo de 1584, sin que se sepa la causa.

Su reinado produjo que Rusia experimentase períodos de gran progreso, pero también de retrocesos, muy de la mano con sus cambios de personalidad.

Sin embargo, la crueldad del príncipe empañó sus logros, pasando a la historia con el sobrenombre de Iván *el Terrible*. Ter-

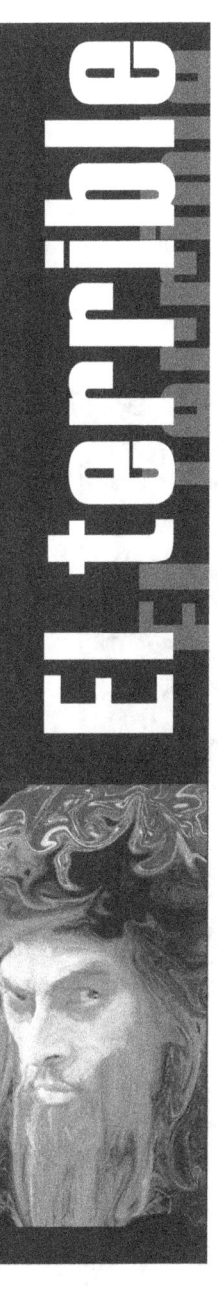

rible, no se corresponde totalmente al término ruso original, pero, Ivan IV de Rusia hizo toda clase de méritos para ganarse esa imagen tan negra que a través de la historia ha conservado.

....

Iván el Terrible

Nacimiento: 25 de agosto de 1530.

Muerte: 28 de marzo de 1584.

Lugar de nacimiento: Kolómenskoye, Rusia.

Padres: Basilio III de Moscú y Elena Vasílievna Glínskaya.

Matrimonios: Anastasia Románovna Zajárina, María Temryúkovna, Marfa Vasílyevna Sobákina, Ana Ivánovna Koltóvskaya, Ana Grigórievna Vasílchikova, Vasilisa Meléntieva, María Dolgorúkaya, María Fiódorovna Nagaya.

Papel histórico: Primer zar de Rusia.

Reinado: 3 de diciembre de 1533 a 28 de marzo de 1584.

....

La reyna se niega a contraer matrimonio

La reina enferma de varicela, todos temen por su vida.

Manda a ejecutar a María Estuardo por organizar un complot en su contra.

Derrota a la Armada **Invencible.**

sabel I, la *Reina Virgen*, fue reina de Inglaterra e Irlanda entre 1558 y 1603. Sus padres fueron el rey Enrique VIII y su segunda esposa, Ana Bolena. Fue la última monarca de la Dinastía Tudor. Como princesa, regresó a la Corte y bajo la tutela de Catalina Parr, última esposa de su padre, recibió la educación que le correspondía como hija del rey: aprendió francés, italiano, español, griego, latín, historia, literatura, música, teología y filosofía.

Su padre murió en 1547 y subió al trono su hermano Eduardo VI, quien llamó a la Corte a su hermano Thomas, mismo que después se casaría con la reina viuda, Catalina Parr. Isabel fue llevada a vivir con ellos, continuó con su educación y se formó como protestante.

María contrajo matrimonio con el príncipe Felipe de España, sin importarle el rechazo del pueblo, sin embargo, esto también provocó que tuviera miedo a ser derrocada y que se nombrara a su hermana a Isabel como reina, por lo que que ordenó apresar a Isabel en la Torre de Londres. Isabel estuvo a punto de ser ejecutada, pero ante la negativa de la corte inglesa, fue puesta bajo vigilancia de Sir Henry Bedingfield.

Finalmente, María Tudor, ante la imposibilidad de tener un hijo, designó a Isabel como su sucesora, con la condición de que mantuviera la religión católica en Inglaterra. Isabel aceptó. A la muerte de su hermana María, Isabel fue coronada en 1558.

En 1559, Isabel promulgó el *Acta de Supremacía* y el *Acta de Uniformidad*, donde se designó "gobernadora suprema en lo espiritual y lo temporal del reino" y definió doctrinalmente la Iglesia anglicana, identificándola con el protestantismo con un tono moderado, lejos de las corrientes calvinistas, que influían buena parte de Europa. Pero con el tiempo se hizo imperante la uniformidad religiosa para la afirmación del poder real, y la política tolerante inicial de la reina tuvo que terminar. Comenzó así, la represión más violenta contra los disidentes religiosos que se encontraban en los extremos del anglicanismo; los católicos y puritanos (calvinistas ingleses). Incluso el Papa Pío V, en 1570, excomulgó a Isabel a través de la bula *Regnans in excelsis*. Por otro lado, el Parlamento inglés comenzó a insistir en la necesidad de que la reina se casase, para asegurar un heredero. Pero Isabel se negó rotunadamente a contraer matrimonio aunque ello supusiera el fin de la dinastía Tudor. Es probable que Isabel rechazara la idea de compartir el poder con el rey consorte.

> *"El llamado renacimiento isabelino se manifestó en la arquitectura, en la música y sobre todo en la literatura"*

En 1562, la reina Isabel enfermó de varicela, generando la preocupación del Parlamento inglés. Si moría, el trono podía heredarse a María Estuardo, descendiente de Margarita Tudor, hermana de Enrique VIII; o a Catherine Grey, hija de María Tudor y hermana menor de Enrique VIII.

La calculada política exterior de Isabel le trajo buenos resultados. Al principio de su mandato, la situación con Francia fue tensa, e incluso, Isabel y Felipe II, rey de España, se vieron obligados a unir fuerzas pese a sus diferencias religiosas.

Los enfrenamientos con Francia cesaron con el tratado de paz de Cateau-Cambrésis en 1559; y desde 1572, gracias a los conflictos religiosos internos, Francia dejó de ser un problema para Inglaterra.

Unos de los hechos fundamentales para el enfrentamiento con España serían el descubrimiento de varias conspiraciones católicas para asesinar a la reina y darle el trono a María Estuardo; y la patente de corso otorgada por Isabel a Francis Drake, quien se dedicó a atacar los puertos españoles. Felipe II, rey de España, respondió con el proyecto de invasión de Inglaterra, creando la *Armada Invencible*, derrotada por Isabel en 1588, confirmando la fortaleza del trono inglés.

Isabel puso en marcha la actividad comercial inglesa; subvencionó muchas compañías mercantes, organizadas en sociedades accionistas, participando siempre en ellas con un porcentaje; y favoreció las primeras industrias inglesas.

> *"Con la intención de suprimir el vagabundeo, Isabel compiló la primera ley oficial de pobres conocida como Ley de Isabel en 1601."*

Gracias a su formación humanística, Isabel se interesó por las manifestaciones culturales que se produjeron durante su reinado. El llamado renacimiento isabelino se manifestó en la arquitectura, en la música y sobre todo en la literatura, con escritores como John

Lyly, Christopher Marlowe y principalmente William Shakespeare, autores de la literatura nacional inglesa.

Se desconoce la causa exacta de la muerte de Isabel I, pero hay quienes opinan que sufrió envenenamiento con cerusa, sustancia que utilizaba como maquillaje. Su deceso sucedió el 24 de marzo de 1603, en Londres, en el Palacio de Richmond; y Jacobo, hijo de María Estuardo, subió al trono, convirtiéndose en Jacobo VI de Escocia y I de Inglaterra, comenzando así el proceso de unificación de ambos reinos.

"Isabel ha sido descrita como avara, colérica, burlona, escrupulosa en los negocios, cruel y tirana. De su padre heredó la dureza del lenguaje, la crueldad, la terquedad y el orgullo; de su madre, el gusto por los escarceos amorosos y por la danza, la vanidad y una vivacidad llena de gracia".

En el interior, Isabel, consolidó el poder de la monarquía, consiguió calmar los conflictos religiosos fortaleciendo el anglicanismo, reforzó el poder real y llevó a Inglaterra a la prosperidad económica. En el exterior, puso coto a las intenciones hegemónicas del monarca español Felipe II, lo que permitiría a los ingleses extender sus rutas comerciales y establecer nuevas colonias, favoreciendo el desarrollo económico del reino.

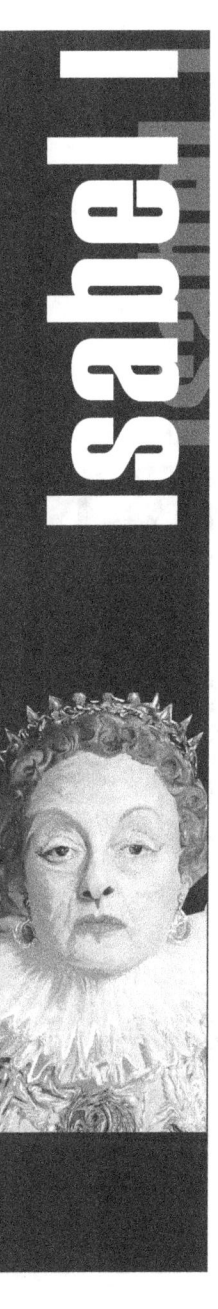

Isabel I

Su reinado se reconoce tradicionalmente con una época dorada para la historia de Inglaterra.

Pero Isabel también ha sido descrita como avara, colérica, burlona, escrupulosa en los negocios, cruel y tirana. De su padre heredó la dureza del lenguaje, la crueldad, la terquedad y el orgullo; de su madre, el gusto por los escarceos amorosos y por la danza, la vanidad y una vivacidad llena de gracia.

El resurgimiento de la imagen de la reina Isabel, de la reina perfecta, en el siglo XIX, se debió en gran medida por la incompetencia de la dinastía Estuardo.

....

Isabel I de Inglaterra

Nacimiento: 7 de septiembre de 1533.

Muerte: 24 de marzo de 1603.

Lugar de nacimiento: Greenwich, Inglaterra.

Padres: Enrique VIII de Inglaterra y Ana Bolena.

Papel histórico: Reina de Inglaterra e Irlanda.

Reinado: 17 de noviembre de 1558 al 24 de marzo de 1603.

Religión: Anglicana.

....

Nuevo líder del liderazgo del Comité de Salvación

Se declara en contra de los girondinos abiertamente.

Manda que decapiten a Luis XVI en la Plaza de la Revolución.

Proclamar como **religión** su culto **del Ser Supremo.**

aximilien François Marie Isidore de Robespierre, conocido como *El Incorruptible*. En su juventud leyó la obra de los filósofos, y Rosseau se convirtió en el centro de sus ideales. Tras acabar la carrera de abogado, vuelve a Arras en 1781, donde comenzó a ejercer y a criticar el sistema judicial, el absolutismo monárquico y a abogar por los principios de libertad, igualdad y fraternidad.

En abril de 1789, cuando gozaba ya de prestigio, y siendo miembro de la Academia de Arras, fue elegido diputado por el Tercer Estado de Artois en los Estados Generales. Entretanto, se une al "Club de los amigos de la Constitución", mejor conocido como *los jacobinos*, por haberse trasladado al edificio de los monjes jacobinos. Para 1792, llegó a ser su líder.

Entre 1792 y 1793, Robespierre fue electo miembro de la Comuna Revolucionaria que poseía el poder local. Posteriormente fue elegido representante de su localidad ante la Convención Nacional, que abolió la monarquía, mandó a juicio por traición al depuesto Luis XVI y declaró la República el 21 de septiembre de 1792.

Seguido de esto, Robespierre fue electo miembro del

Comité de Salvación Pública, el 27 de julio de 1793. Este Comité surgió tras el caos reinante en Francia y con la posibilidad de una guerra civil y una invasión extranjera, organizada por otros monarcas e intereses antirepublicanos europeos. Dentro del Comité, Robespierre le robó el poder a Danton y se convirtió en su líder.

Robespierre siempre estuvo en desacuerdo con los girondinos, un grupo de diputados moderados, procedentes de la Gironda, en Burdeos, que defendían la guerra contra las monarquías europeas, en pos de la libertad de los súbditos de los reyes. En Francia, los girondinos defendían la idea de un Estado descentralizado y la permanencia de la monarquía constitucional o, en todo caso, la realización de una revolución moderada. La presión de los girondinos se hacía notar en la Asamblea Nacional, oponiéndose a la línea republicana radical de los jacobinos y rechazando la ejecución de Luis XVI, por considerarla excesiva. Robespierre, por su parte, no cesó de atacarlos en sus discursos, y en 1793, apoyado por las masas populares, dio un golpe de Estado y desmanteló al grupo girondino, arrestando a todos los dirigentes principales que pudo capturar. Finalmente, Luis XVI fue decapitado en enero de 1793, en la Plaza de la Revolución.

> *"La pena de muerte estaba justificada siempre y cuando el ejecutado fuese un enemigo."*

Con el objeto de mantener la unidad en la República, Robespierre aplicó la justicia republicana, comenzando así el período del *Terror*. Era necesario acabar con los enemigos de la República, implementando una dictadura por el miedo. Miles de acusados de conspiradores, traidores, espías y más, fueron perseguidos, sembrando el horror, principalmente, en todas las figuras públicas, aunque se le dió muerte a miles de personas en la guillotina, muchas de ellas obreros y campesinos. La pena de muerte estaba justificada siempre y cuando el ejecutado fuese un enemigo. El *Terror* fue un símbolo de ruptura total con el pasado absolutista y la monarquía.

La victoria militar de Fleurus, en los Países Bajos, contra el Imperio austríaco, el 26 de junio de 1794, representó la consolidación de la Revolución, por lo que ya no era necesario el régimen extremista del *Terror*, fraguándose un golpe de estado al interior del propio poder revolucionario.

Robespierre, hábil para la oratoria, con un modo de vida austero y comprometido con sus ideales, fue intolerante con la resistencia, su radicalidad le trajo enemigos hasta en su propio partido.

Desapúes, acusado de dictadura, fue detenido junto con otros dos miembros del Comité, Saint-Just y Georges Couthon, el 27 de julio de 1794, y guillotinado al día siguiente en la plaza de la Revolución (hoy plaza de la Concordia), sin proceso, junto con 21 de sus partidarios. El cuerpo de Robespierre, y el de los demás condenados, fue enterrado en una fosa común en el cementerio de Errancis. Su caída acabó con el *Terror* y con el impulso democrático de la República.

> *"Con el objeto de mantener la unidad en la República, Robespierre aplicó la justicia republicana, comenzando así el período del Terror."*

La Revolución francesa rechazó como oficial a la religión católica, surgiendo el Culto a la Razón, mezcla de ateísmo con filosofía antropocéntrica, pero Robespierre intentó proclamar su propia visión de la religión de Estado: el *culto del Ser Supremo* (*Culte de l'Être suprême*), una forma de deismo, que fue anunciado formalmente antes de la Convención Nacional, el 7 de mayo de 1794. Los principios de esta religión fueron la creencia de la existencia de un Dios que no interactuaba con el mundo y no intervenía en el destino de los hombres, así como de la inmortalidad del alma humana.

Para inaugurar la nueva religión de Estado, Robespierre declaró el 8 de junio de 1794 como el primer día de celebración nacional. En París se llevó a cabo un evento de gran magnitud, organizado por el artista Jacques-Louis David. El culto desapareció con la muerte de Robespierre.

"Es considerado como el modelo ideal de diputado: fiel a su sentir de lo que está bien y de lo justo. No obedeció a ningún partido."

Robespierre no sólo fue un teórico que defendió el espacio político construido por la Declaración de los derechos del hombre y del ciudadano, votada en 1789. Representante electo, es considerado como el modelo ideal de diputado: fiel a su sentir de lo que está bien y de lo justo. No obedeció a ningún partido, debatió su punto de vista con gran elocuencia en sus discursos. Propuso problemas teóricos que otros Constituyentes no se atrevieron a discutir, practicó la democracia conforme a los principios del derecho. Para Robespierre, la revolución política no era nada, o poca cosa, si no tenía la finalidad de una revolución social.

A las clases dominantes, que han utilizado la violencia a través de los siglos, cada vez que les ha sido necesaria, no les producía terror la violencia de los revolucionarios, sino el hecho de que el movimiento popular y los jacobinos robespierristas ponían en cuestión su poder político, sus privilegios sociales y económicos, su derecho a la propiedad. Y más terror les producía que las propuestas populares venían acompañadas de una capacidad política para desarrollarlas y llevarlas a cabo en la lucha cotidiana.

En contraposición, los orígenes del terrorismo actual tienen que ver con las ideas de la Revolución Francesa, cuya figura representativa de los jacobinos era Robespierre, institucionalizaron numerosas medidas represivas dirigidas contra todo tipo de opositores. Desarrollaron unas prácticas similares a las que caracterizan al actualmente denominado "terrorismo de Estado".

....

Maximilien Robespierre

Nacimiento: 6 de mayo de 1758.

Muerte: 28 de julio de 1794.

Lugar de nacimiento: Arras, Francia.

Padres: Maximilien Barthélémy François de Robespierre y Jacqueline Marguerite Carraut.

Papel histórico: Figura importante para la consolidación de la Revolución francesa.

Hazañas históricas: Declaró la República francesa el 21 de septiembre de 1792; envió a la guillotina al rey Luis XVI, en enero de 1793; decretó el Terror en 1793.

Cargos: Presidente de la Convención Nacional, del 22 de agosto al 5 de septiembre de 1793; Presidente de la Convención Nacional, del 4 de junio al 19 de junio de 1794; Miembro del Comité de Salvación Pública, del 27 de julio de 1793 al 27 de julio de 1794.

....

Bonaparte: el salvador de Francia

Se autoproclama el libertador de Egipto.

Derrota a los austriacos en la Batalla de Marengo.

Derrotado y triste, **abandona Waterloo.**

apoleón I y su hermano José, aún siendo niños, fueron enviados a la Francia continental. Ahí, Napoleón aprendió francés, estudio en la Escuela Militar de Brienne-le-Château y se graduó en 1785, a los 16 años, en ese año se le comisionó como teniente segundo de artillería.

De regreso a Córcega, llegaron las noticias del comienzo de la Revolución Francesa. Napoleón apoyó a los jacobinos y obtuvo el rango de comandante segundo de la Guardia Nacional de Voluntarios de la isla. En junio de 1793, él y su familia tuvieron que huir a Francia, a raíz de su conflicto con el líder nacionalista Paoli.

En 1795, Bonaparte dirigió la defensa de la *Convención* en el Palacio de las Tullerías y pocas semanas después, el 9 de marzo de 1796, se casó con Joséphine de Beauharnais.

Napoleón ganó aún más prestigio después de la campaña de Italia en, 1796, con la victoria sobre los austriacos y los territorios italianos de la orilla izquierda del Rhin, y un Estado satélite al norte de Italia, la República Cisalpina.

Napoleón fue recibido en Francia como el salvador de la República y en 1798, el *Directorio* le ordenó la ocupación de Egipto, con el fin de cortar las comunicaciones inglesas con sus colonias en Asia. A pesar de la victoria en la batalla de las *Pirámides,* la flota francesa fue destruida por el almirante Nelson en la Batalla del Nilo. Así, el ejército de Napoleón quedó atrapado en Egipto, consolidando ahí su poder. Bonaparte emitió proclamas, nombrándose libertador del pueblo egipcio: abolió la servidumbre y el feudalismo; garantizó los derechos básicos de los ciudadanos y reformó la administración egipcia. Bonaparte fue llamado, por los egipcios, Sultán Kebir.

Mientras tanto, Francia hacía frente a una nueva situación internacional: Austria, Rusia, Nápoles y Portugal se habían aliado con Gran Bretaña, configurando la Segunda Coalición.

Napoleón, entonces, decidió regresar a Francia y preparó, junto a un grupo de conspiradores, un golpe de Estado, en 1799, tomando el poder en noviembre de ese año.

Bonaparte instauró un nuevo régimen, el Consulado. El país quedó organizado en un triunvirato, presidido por Napoleón, como primer cónsul, que según la Constitución del año VIII, disponía de poderes dictatoriales.

"Todos estos triunfos permitieron a Napoleón acentuar el carácter autoritario y monárquico de su régimen."

El electorado mostró su respaldo absoluto a cada una de estas reformas. Napoleón firmó el Concordato de 1801 con el papa Pío VII, que apaciguó los ánimos en el interior del país, al poner fin al enfrentamiento con la Iglesia católica, originado desde el inicio de la Revolución. Centralizó la administración en torno a la figura del prefecto, puso en pie un sistema educativo público, laico y eficaz; reorganizó la administración de Justicia, estableciendo una jerarquía única de tribunales estatales; sometió a todas las escuelas a un control centralizado; creó el Banco de Francia e impuso el franco como unidad monetaria nacional. La legislación civil francesa quedó tipificada en el *Código de Napoleón* y en otros seis códigos que garantizaban los derechos y libertades conquistados durante el periodo revolucionario, incluidas la igualdad ante la ley y la libertad de culto.

> *"La legislación civil francesa quedó tipificada en el Código de Napoleón y en otros seis códigos que garantizaban los derechos y libertades conquistados durante el periodo revolucionario."*

Napoleón cruzó los Alpes con un ejército, en 1800, y derrotó a los austriacos en la batalla de Marengo, con lo que su poder quedó afianzado, asegurando la hegemonía continental francesa. Entabló negociaciones para restablecer la paz en Europa y conseguir que el Rhin fuera reconocido como la frontera oriental de Francia.

Todos estos triunfos le permitieron acentuar el carácter autoritario y monárquico de su régimen, decretando en 1802 el carácter vitalicio del Consulado y proclamándose emperador, en 1804.

Este imperio evitó restablecer a los Borbones en el trono y con el apoyo del ejército, Napoleón reorganizó el mapa de Europa, adquiriendo para Francia: los Países Bajos, la costa alemana del mar del Norte, la orilla izquierda del Rhin, Cataluña, Piamonte, Génova, Toscana y Roma. Napoleón mismo se coronó rey de un nuevo reino de Italia; acomodó a otros miembros de la familia Bonaparte como soberanos: en Nápoles a su cuñado Joaquín Murat; en España a su hermano José; en Westfalia a su hermano Jerónimo y en Holanda, temporalmente, a su hermano Luis.

Reorganizó Alemania, estableciendo el protectorado francés sobre la llamada *Confederación del Rhin*, en perjuicio de la influencia

165

de Austria, a la que venció en Ulm y Austerlitz en 1805, y de nuevo en Wagram en 1809.

Tras vencer a Rusia en Friedland en 1807, le arrebató Polonia, creando un Gran Ducado de Varsovia, en aquel territorio gobernado por el rey de Sajonia, aliado de Napoleón; e incluso consiguió que uno de sus generales, Bernadotte, fuera coronado en Suecia.

Este nuevo matrimonio lo vinculó con la más antigua de la casas reales de Europa, esperando que su hijo Napoleón, heredero del Imperio, nacido en 1811, fuera mejor aceptado por las monarquías reinantes.

En los años 1812 y 1813, invadió Rusia, pero ante el contraataque con la estrategia rusa de "tierra quemada", tuvo que retirarse. Este hecho, así como la influencia de los enemigos que hizo a través del tiempo, ocasionó el derrumbamiento del sistema napoleónico, en 1813. Este mismo año, Napoleón fue derrotado en la batalla de Leipzig por la gran coalición de los enemigos que tenía: Rusia, Austria, Prusia y Gran Bretaña a la cabeza.

Dadas las circunstancias, Napoleón se retiró a Francia y fue obligado a abdicar, después de la toma de París por los aliados, en 1814. Se le trasladó a la isla de Elba, mientras los aliados iniciaban la restauración del Antiguo Régimen, en el Congreso de Viena.

En Francia se rehabilitó la monarquía borbónica y Luis XVIII subió al trono. Pronto, la población manifestó su descontento. Napoleón escapó de su destierro y, con la ayuda de algunos aliados desertores, recuperó el poder de nuevo frente del Estado y del ejército.

Posteriormente, los aliados lograron derrotar definitivamente a Napoleón, durante la batalla de Waterloo, en Bélgica, el 18 de junio de 1815. Esta vez, Napoleón fue desterrado a la isla de Santa Helena, bajo control británico, donde murió el 5 de mayo de 1821.

Algunos consideran la presencia de Napoleón en la historia de Francia como negativa. Cuando fue expulsado, Francia se encontraba aislada, golpeada, ocupada, dominada, odiada y era

más pequeña que nunca. Y encima de todo, Napoleón acalló a las fuerzas de emancipación que despertaron gracias a las revoluciones francesa y estadounidense, y permitió la supervivencia y la restauración de las monarquías. Napoleón traicionó los principios de la Revolución, por ejemplo, reinstalando un sistema que permitió que los ricos evadieran el servicio militar.

....

Napoleón Bonaparte

Nacimiento: 15 de agosto de 1769.

Muerte: 5 de mayo de 1821.

Lugar de nacimiento: Ajaccio, Córcega, Francia.

Padres: Carlo Buonaparte y María Letizia Ramolino.

Matrimonios: Joséphine de Beauharnais y María Luisa de Habsburgo-Lorena

Papel histórico: Emperador de Francia.

Hazañas históricas: Napoleón adquirió el control de casi toda Europa Occidental y Central mediante una serie de conquistas y alianzas.

....

Encuentran el cadáver de Rasputín en el río Neva

El monje loco salva y cura al pequeño hijo de la zarina Alejandra.

De charlatán, oportunista y ruin lo tachan algunos.

Recibió varios disparos y múltiples golpes y aún así, vivía cuando **lo arrojaron al río.**

rigori Yefímovich Novyk, nombrado *Rasputín* (en ruso "el depravado), hijo de campesinos analfabetos y supersticiosos, no asistió a la escuela y aprendió a leer y a escribir hasta adulto. Él y un hermano menor cayeron a un río; el hermano murió y Rasputín estuvo grave, fue cuando se dice que vio por primera vez a la Virgen, quien le otorgó poderes de curación y de adivinación y él mismo se convenció de ser un elegido de Dios.

Desde niño convivió con los *starets* que pasaban por su pueblo; ascetas dedicados a Dios y que predicaban su doctrina a cambio de pan y albergue. Igualmente, desde niño supuestamente tenía visiones y la gente acudía a él si tenía un familiar enfermo, realizando curaciones "milagrosas". A medida que pasaba el tiempo, su fama creció, asociado con peleas, borracheras, viajes misteriosos y episodios sexuales.

Rasputín pertenecía a la secta de los *khlysty* o flagelantes, cuya doctrina es la salvación a través del pecado, pues el santo y el pecador están estrechamente ligados.

En 1889 se casó con Praskovia Fiódorovna Dubrovina y tuvieron tres hijos.

En 1903, viajó a los lugares santos ortodoxos en Grecia, con peregrinaciones a Tierra Santa.

Durante este periodo, Rasputín vivía de donaciones, curando y prediciendo el futuro, así como utilizando sus poderes de hipnosis. Sus grandes conocimientos religiosos hicieron que un sacerdote de Kazán lo recomendara para la Academia de Teología de San Petersburgo.

A su llegada a esta ciudad, su fama de sanador, hipnotizador y profeta creció entre los miembros de la aristocracia, y Militzia, una princesa de Montenegro, lo presentó a los zares.

Rasputín ingresó en la corte real de San Petersburgo en 1905, a una monarquía autocrática, conservadora, que rechazaba cualquier concesión liberal, que había sumido al país en una pobreza extrema, con un gobierno inestable.

La zarina Alejandra, quien había heredado hemofilia a su hijo, era adepta al esoterismo y comenzó a buscar un sanador mágico para su hijo. Fue cuando le presentaron a Rasputín, quien logró aliviar los padecimientos del niño. Se dice que con sólo orar por el niño, lo curaba de inmediato y de forma milagrosa, lo que los médicos no pudieron hacer hasta ese momento.

Así, Rasputín, apelando a supuestos poderes ocultos, se ganó a la zarina Alejandra y a partir de 1908, poco a poco, logró tanto a ella como al zar Nicolás II, al grado de convertirse indispensable en su vida, en su matrimonio y en las decisiones de Estado. Su influencia fue tal, que Rasputín fungía como asesor para el nombramiento de funcionarios (ninguno de ellos competente), la toma de medidas políticas, económicas y hasta cuestiones internacionales. Al mismo tiempo, frecuentaba a las familias nobles para dar consejos esotéricos, profecías y curar a los enfermos.

"A comienzos de la Primera Guerra Mundial, el zar Nicolás II tomó el mando del ejército y Rasputín tomó el control total del gobierno."

A comienzos de la Primera Guerra Mundial, el zar Nicolás II tomó el mando del ejército y Rasputín tomó el control total del gobierno. Su poder ilimitado preocupó a algunos nobles rusos, quienes lo tomaban como un charlatán y un oportunista, además de su mala reputación. Ya para 1910, la izquierda revolucionaria, la derecha, los monárquicos, la corte, los eclesiásticos, los generales más ilustres, el primer ministro Stolypin y hasta la hermana de la zarina; se habían enfrentado a Rasputín.

En 1914 sufrió un atentado por parte de una fanática, quien lo hirió de una puñalada, mientras visitaba a su esposa e hijos, en su pueblo.

Con el deterioro de la Rusia, se minó su poder. El desempeño de Rusia en la Primera Guerra Mundial no era el deseado y esto se lo atribuían a él, por lo que el diputado Vladimir Purishkevich se reunió con Félix Yusúpov (sobrino de los zares), el teniente Sujotín, Dimitri Románov (primo del zar) y el médico Lazavert, para planear su asesinato.

"En 1914 sufrió un atentado por parte de una fanática, quien lo hirió de una puñalada, mientras visitaba a su esposa e hijos, en su pueblo."

Raspitín fue invitado a la casa de Yusúpov el 26 de diciembre de 1916, donde le ofrecieron pasteles y vino envenenados con cianuro, pero no hizo efecto inmediato, entonces le dispararon. Tendido en el suelo, supuestamente muerto, Rasputín abrió los ojos y sujetó a Yusúpov, quien le disparó nuevamente. Sus colegas, que pudieron haber incluido agentes del Servicio Secreto británico, lo golpearon, para después arrojarlo al río Neva. Al tercer día, el cadáver fue encontrado con agua en los pulmones, prueba de que estaba vivo cuando lo arrojaron al río.

Meses después de su muerte, los Romanov fueron obligados a abdicar y fueron encarcelados durante 15 meses, y finalmente asesinados. Rasputín había profetizado el fin de los zares: "La dinastía de los Romanov terminará seis meses después de mi muerte".

"Sacó partido de la zozobra que vivía la familia imperial rusa en una época turbulenta, para conseguir una enorme influencia en una corte de San Petersburgo que vivía sus últimos años.".

Rasputín ha sido uno de los personajes más controvertidos de la historia, con una personalidad "estrafalaria", muy influyente en su tiempo y convertido en el chivo expiatorio de la Rusia decadente de la Primera Guerra Mundial.

Pidió a los zares que fueran más comprensivos con los campesinos y las minorías y que evitaran entrar en guerra con Alemania. Era un hombre espiritual, una especie de hombre santo de la Iglesia Ortodoxa, que recorría Rusia como consejero espiritual. Tenía gran carisma, que lo ayudaba a seducir. Amable y generoso con los desamparados, pues repartía su dinero a los pobres. Por muchos era visto como un santo sanador y un profeta visionario; recibía a cualquier ciudadano que lo solicitara, para ser sanado.

Pero a él se le atribuye la descomposición del régimen ruso. Promovió a sujetos sifilíticos e incompetentes como ministros del gobierno, en un país en guerra y al borde de la revolución. Su nom-

Rasputín

bre se convirtió en sinónimo del mal por excelencia. Sacó partido de la zozobra que vivía la familia imperial rusa en una época turbulenta, para conseguir una enorme influencia en una corte de San Petersburgo que vivía sus últimos años.

....

Rasputín

Nacimiento: 22 de enero de 1869.

Muerte: 26 de diciembre de 1916.

Lugar de nacimiento: Siberia, Rusia.

Padres: Efim Vilkin y Anna Parshukova.

Matrimonio: Praskovia Fiódorovna Dubrovina.

Hijos: Dimitri, Matryona y Várvara.

Papel histórico: Místico, consejero y principal influencia de los zares Nicolás II y Alejandra, especialmente después de que el zar tomó el mando de la armada rusa, durante la Primera Guerra Mundial. A él se le atribuye la descomposición del régimen ruso.

Circunstancias de su muerte: Se ahogó en el río Neva, después de ser envenenado, haber recibido múltiples disparos y golpeas, para, finalmente, ser lanzado al río. Al menos tres hombres son relacionados con este acto.

....

Construir el socialismo a través de la Revolución

Después de pasar más de un año en prisión, fue desterrado entre 1897 y 1900 a Siberia.

Lo detienen por sospechas de espionaje.

Embalsaman su cadáver para que todos puedan **despedirse del gran líder.**

ladimir Ilich Ulianov, mejor conocido como Lenin, en su juventud, no mostró interés por la política, pero todo cambió tras la muerte de su hermano Aleksandr, que fue ejecutado por participar en el atentado contra el zar Alejandro II.

En 1892, consiguió diplomarse en la Universidad y ejerció como abogado en Samara, donde llevó la defensa de campesinos.

En 1894 pasó a Moscú, donde participó activamente en los círculos marxistas y obreros. Un año después, fue por primera vez al extranjero para entrar en contacto y aprender de las grandes figuras de la socialdemocracia europea.

Tras su regreso a Rusia, es acusado de propaganda socialdemócrata entre los obreros de la capital, por lo que es encarcelado más de un año. Fue desterrado entre 1897 y 1900, en Siberia. Allí redactó *El desarrollo del capitalismo en Rusia* y desarrolló su plan para unir a las organizaciones clandestinas socialistas en un solo partido.

En 1903, sus tesis sobre el marxismo, leídas durante el II Congreso del Partido Obrero Socialdemócrata de Rusia, celebrado entre Bruselas y Londres, abrieron una brecha entre las dos facciones del partido: bolcheviques (la mayoría) y mencheviques (la minoría). Los mencheviques, cuyo líder era Mártov, defendían la necesidad de un partido de masas de base amplia que incluyese a los simpatizantes y los bolcheviques, por su parte, liderados por Lenin, querían admitir como militantes sólo a revolucionarios profesionales integrados en una dirección centralizada.

> "Lenin es el gran teórico, la guía política y de acción llamada marxismo-leninismo, la teoría revolucionaria de la clase obrera. Es considerado salvador del pueblo ruso."

La revolución de 1905 sorprende a Lenin en Suiza, desde donde formuló la tesis de las causas del levantamiento. Los partidos socialistas tuvieron poca influencia en el desencadenamiento de la revolución, pues eran todavía muy débiles, la militancia interior era escasa y casi todos sus dirigentes estaban en el exilio. Gracias a una amnistía que acompañó al Manifiesto de Octubre, Lenin pudo regresar sin peligro a Rusia, el 21 de noviembre.

Después del Domingo Sangriento, el Sóviet de San Petersburgo, dominado por los mencheviques y liderado por Trotski, comenzó una oleada de huelgas y todos sus dirigentes fueron detenidos. En respuesta, los socialdemócratas de Moscú declararon la huelga general y distribuyeron armas entre los obreros.

Lenin se trasladó a Finlandia e hizo varios viajes, tanto a San Petersburgo como a Moscú y a varias ciudades extranjeras.

Tras el fracaso de la Revolución de 1905, Lenin sostuvo que la tarea de los socialdemócratas era preparase para una nueva revolución que acabaría con la autocracia e instauraría un Gobierno provisional de obreros y campesinos.

En 1908, regresó a Ginebra, mientras el partido sufría una crisis causada por la persecución oficial, la indiferencia obrera e intelectual, la falta de fondos y la actividad de los infiltrados policiales. Después, Lenin se trasladó a París en diciembre de 1908, pero la inactividad y la intensificación de las disputas en el partido, desanimaban a los exiliados. Fue en esta época que hicieron su aparición el insomnio y los dolores de cabeza que habrían de perseguirle por el resto de sus días.

En 1909 se publicó su obra *Materialismo y empiriocriticismo*, en un intento de culminar la teoría del conocimiento marxista.

En 1910, Lenin asistió al Congreso Socialista Internacional del Copenhague. A partir de 1912, con la matanza de las minas del Lena, resurgió la oposición a la autocracia en Rusia y con ella la esperanza de los revolucionarios exiliados. Hubo una nueva oleada de protestas y huelgas y aumentó la militancia obrera que favoreció a los *bolcheviques*, que comenzaron a contar con mayorías en sindicatos y cooperativas. Entonces Lenin se mudó a Cracovia para seguir más de cerca los acontecimientos.

> *"El 27 de enero se celebraron sus funerales en la Plaza Roja. Más de un millón de personas desfilaron ante el féretro de Lenin."*

En 1911, las diferencias entre las fracciones eran irreconciliables, y Lenin abogaba por la separación en dos partidos. En 1912 se reunió la conferencia de Paga donde se confirmó la división del partido con la formación de un nuevo comité central, del cual se le eligió como representante del partido ante el Buró Socialista Internacional.

En 1914, con el estallido de la Primera Guerra Mundial, Lenin fue considerado sospechoso de espionaje y fue detenido. Logró su liberación, gracias a la intercesión del dirigente socialista Victor Adler. La Guerra acabó con el movimiento socialista hasta entonces conocido; desbarató la unidad nacional de los partidos socialistas. El partido *bolchevique* fue el único partido de izquierda que se opuso a la Primera Guerra Mundial desde el principio. La guerra provocó el acercamiento de muchos *mencheviques*, como Kolontái o Trotski, a las posturas de Lenin. Aspiraba a aprovechar la Guerra para provocar levantamientos obreros contra sus respectivos Gobiernos, o incluso, auténticas guerras civiles. En su opinión, los pacifistas estaban equivocados y la guerra civil era necesaria para derrocar al poder burgués.

"Lenin, logró regresar a Rusia, tras atravesar Alemania en un vagón blindado, proporcionado por el estado mayor alemán".

En 1915 se celebró la conferencia de Zimmerwald, donde Lenin intentó, sin éxito, convencer a los representantes de que aceptaran transformar la guerra imperialista en guerra civil. Entonces, Lenin se volvió figura internacional. A comienzos de 1916, se mudó a Zurich para utilizar su biblioteca para la redacción de *El Imperialismo, fase superior del capitalismo*.

Lenin quería volver a Rusia lo antes posible, algo complicado en plena Guerra Mundial. Pero logró regresar a Rusia, tras atravesar Alemania en un vagón blindado, proporcionado por el estado mayor alemán. Fue recibido en la capital rusa por una multitud entusiasta que le dio la bienvenida como a un héroe, donde dio un discurso criticando al Gobierno provisional y la actitud del sóviet capitalino. Ejército, policía y burocracia debían ser sustituidos por una organización emanada del conjunto del pueblo armado, que comprendiera, sin excepción, todos sus miembros. Terminó su discurso con un "Viva la revolución socialista internacional".

Ante la presunta amenaza de un golpe de Estado por parte de los seguidores de Lenin, la presidencia del gobierno provisional pasó a manos de Kerenski, quien ordenó detener a Lenin, siendo obligado a huir a Finlandia, durante tres meses. Ahí escribió la obra que sería calificada de utopía leninista, *El Estado y la revolución*, por su concepción del Estado como aparato de dominación burguesa, destinado a desaparecer tras la etapa transitoria de la dictadura del proletariado y el advenimiento del comunismo.

El 7 de octubre estalló la insurrección y las masas asaltaron el palacio de Invierno. Al día siguiente fue nombrado jefe de gobierno y lanzó su famosa proclama a los ciudadanos de Rusia, a los obreros, soldados, campesinos: construir el socialismo en el marco de la revolución mundial y superar el atraso de Rusia. Este hecho se dio con el Tratado de Brest-Litovsk, firmado por Trotski, el 3 de marzo de 1918, que concertaba la paz unilateral de Rusia con Alemania, Austria, Hungría, Bulgaria y Turquía. El tratado ahondó aún más las divergencias con los socialistas revolucionarios, que el 30 de agosto atentaron contra la vida de Lenin, siendo alcanzado por tres balas al salir de la fábrica de Michelson, donde hablaba a los obreros.

La guerra civil casi acabó con el gobierno soviético, pero el ejército de los contrarrevolucionarios fue derrotado por el Ejército Rojo, formado por campesinos y obreros, y dirigido por Trotski. Una madrugada, el zar Nicolás II fue ejecutado en el sótano de su casa, junto con su familia, por los *bolcheviques*, acto ordenado por Lenin y Yákov Sverdlov.

El país quedó devastado, la economía maltrecha y el hambre estuvo presente en grandes regiones. Ahora el reto más grande de la revolución fue la reconstrucción económica de Rusia, tarea que Lenin llevó a cabo a través de la NEP (Nueva Política Económica).

En 1919, Lenin inauguró el Primer Congreso de la III Internacional, que elevó el comunismo ruso a la categoría de modelo a imitar por los países comunistas del mundo, y a defender los movimientos de liberación nacional de los pueblos coloniales y semicoloniales de Asia.

En marzo del año siguiente, asistió por última vez a un Congreso del Partido, donde Stalin fue elegido como secretario general de la organización. Un mes después, fue operado para extraerle las balas que continuaban alojadas en su cuerpo desde el atentado de 1918. Pocas semanas después sufrió un ataque que le impidió el habla y el movimiento de las extremidades derechas por un tiempo. En junio de 1922, su salud mejoró parcialmente y dirigió la formación de la Unión de Repúblicas Socialistas Soviéticas. Pero en diciembre sufrió un segundo ataque de apoplejía que lo dejó sin habla, lo que le impidió cualquier influencia en la política práctica. Sin embargo, pudo escribir su "testamento" en el que expresaba su gran temor ante la lucha por el poder entre Trotski y Stalin.

Lenin murió el 21 de enero de 1924, tras una hemorragia cerebral. Su cuerpo fue expuesto al público en la Sala de las Columnas de la Casa de los Sindicatos, mientras se construía su primer mausoleo.

El 27 de enero se celebraron sus funerales en la Plaza Roja. Más de un millón de personas desfilaron ante el féretro de Lenin. Su cuerpo fue embalsamado para dar la posibilidad a todos los trabajadores de despedir al líder del proletariado mundial, según explicó entonces el diario *Pravda*.

Lenin, tuvo la habilidad de tomar las riendas de Rusia en medio de una revolución y posterior guerra civil, y supo elevar y reformar Rusia, que era un estado absolutista, tercermundista y pobre, y logró convertirlo en potencia mundial, obra que continuó Stalin.

Creó la policía secreta, conocida entonces como *la Checa*. Aplicaba la pena de muerte en todas partes y perseguía al opositor. Tomó medidas radicales: el Zar y todos los miembros de su familia, inclusive los niños pequeños, fueron ejecutados y sus cadáveres destruidos por órdenes de Lenin.

....

Lenin

Nacimiento: 22 de abril de 1870.

Muerte: 21 de enero de 1924.

Lugar de nacimiento: Simbirsk, Rusia

Padres: Iliá Nikoláyevich Uliánov y María Aleksándrovna Blank.

Matrimonio: Nadezhda Krúpskaya.

Papel histórico: Líder revolucionario y teório comunista ruso, principal dirigente de la Revolución de Octubre.

Hazañas históricas: Impulsor de los fundamentos que sirvieron y sirven de base a los Partidos Comunistas y, en su caso, al del bolchevismo ruso y al de la Unión Soviética.

....

Industriales y terratenientes apoyan a Mussolini

Se autoproclama como el *Duce*.

Forma tribunales para juzgar a la oposición.

El Papa lo reconoce como el **líder del pueblo** italiano.

l fascismo tenía como principales objetivos la organización corporativa de la economía; el monopolio estatal de la violencia por parte del Estado; el sofocamiento del pluralismo, eliminando toda oposición política; el antisemitismo; el monopolio de los medios de comunicación; la organización de "milicias". Eran grupos conformados por un cuerpo amado de militantes, que defendían la revolución nacional sin interferir con las fuerzas armadas tradicionales, a las que les correspondía defender la patria.

Mussolini tenía la pretensión de convertir a su país en un gran imperio y consideraba que los pueblos superiores, como Italia, tenían la misión histórica de guiar a los inferiores, lo que les daba el derecho de repartirse los territorios de los países subdesarrollados. A diferencia de Hitler, el fascismo italiano colocaba al Estado, y no a la "raza", como eje de su filosofía política.

Benito Amilcare Andrea Mussolini, conocido como el *Duce*, era un niño rebelde, a los 11 años fue expulsado del internado donde estudiaba por herir a un compañero con una navaja. Cuando era joven, enseñó en los colegios de Gaultieri por poco tiempo, pues huyó a Suiza escapándose del servicio militar.

En 1908, trabajó en un periódico en el pueblo de Trento, Austria, como periodista, pero fue expulsado por conflictivo. Entonces viajó a Forlì, donde trabajó como editor de un periódico socialista, *La Lucha de Clase*. En esa misma ciudad, en 1910, Mussolini fue el secretario del partido socialista.

En esta época se autonombraba como antipatriota y cuando Italia le declaró la guerra a Turquía en 1911, fue arrestado por difundir propaganda pacifista en su periódico.

Al salir, trabajó como editor del periódico oficial socialista *Avanti*, en Milán, donde manifestaba que los obreros debían unirse en *fascios* para prepararse para la toma del poder. Para algunos, este fue el momento del inicio del movimiento fascista.

Cuando la Primera Guerra Mundial comenzó, la mayoría de los italianos sostuvo una posición neutral. No obstante, el gobierno, los grupos nacionalistas y la minoría socialista cuyo líder era Mussolini, apoyaron la intervención en el conflicto.

El gobierno en pos de la guerra, prometió grandes beneficios, pero cuando el conflicto terminó, Italia se encontró con una crisis económica y grandes expectativas sociales, y el descontento entre la gente creció.

Mussolini fundó los *Fascios Italianos de Combate* en marzo de 1919, cuyo carácter nacionalista, antiliberal y antisocialista consiguió el apoyo de mucha gente, al defender exigencias obreras como la jornada laboral de ocho horas.

Los *Fascios* tomaron su nombre de las *fasces*, un símbolo de la autoridad de la antigua Roma, que era una serie de palos atados a un eje, que representaban la unidad cívica y la autoridad de los oficiales romanos para castigar a los delincuentes. Su actividad llegó a las zonas rurales, donde los miembros de las Milicias Voluntarias para la Seguridad Nacional, mejor conocidos como *Camisas negras*, consiguieron el respaldo de los terratenientes y atacaron las ligas de campesinos y a las asociaciones socialistas. El fascismo, entonces, abandonó su republicanismo para ganarse a los grandes propietarios agrarios e industriales, así como al Ejército y a la propia monarquía.

> *"Mussolini tenía la pretensión de convertir a su país en un gran imperio y consideraba que los pueblos superiores, como Italia, tenían la misión histórica de guiar a los inferiores."*

El 7 de noviembre de 1921, Mussolini fundó el Partido Nacional Fascista, que se oponía al socialismo y al sistema parlamentario. Tras su fracaso electoral de 1919, Mussolini se presentó como candidato a las elecciones parlamentarias de 1921 y resultó elegido diputado. Se reconcilió con los monárquicos y proclamó la necesidad de un Estado autoritario, empezando una campaña de violencia contra todas las organizaciones de izquierda.

El 29 de octubre de 1922, fue nombrado primer ministro por el rey Víctor Manuel III, encargándole la formación de un nuevo gobierno.

Mussolini recibió el apoyo de los grandes industriales y terratenientes. Se proclamó *Duce* e instauró una dictadura, suprimiendo todos los partidos políticos, la libertad de prensa y de expresión, formó tribunales para juzgar a la oposición y mandó asesinar a los líderes de la oposición.

En 1929, se firmó el Tratado de Letrán con el Vaticano, que le dio mayor dominio sobre el país. Con dicho Tratado, el Papa reconoció el régimen de Mussolini a cambio de una cantidad en efectivo de bonos del gobierno, y el permiso de Mussolini para la enseñanza de la religión católica en las escuelas.

A partir de la invasión de Italia a Etiopía en 1935, y la oposición de las potencias occidentales contra ésta, Mussolini se une a Adolfo Hitler y su Tercer Reich.

Al principio, Italia no participó en la Segunda Guerra Mundial, pero Mussolini cambió de parecer a partir de 1940, con la firma del Pacto tripartita con Alemania y Japón, creándose el Eje Berlín-Roma-Tokio. Entonces, Italia se enfrentó a los británicos en África, invadió Grecia y participó con los alemanes en el reparto de Yugoslavia, la invasión a la Unión Soviética y la declaración de guerra a los Estados Unidos. Mussolini atacó a Francia sin declaración de guerra y al final fue un desastre. Italia sufrió múltiples derrotas, trayéndole el descontento popular y el del rey. Fue depuesto por el Gran Consejo Fascista y el rey lo mandó arrestar el 25 de julio de 1943. Mussolini fue liberado por un comando alemán y llevado al norte de Italia, que estaba bajo el dominio alemán. Ahí estableció un gobierno republicano, bajo la protección de las fuerzas alemanas y de su amigo Hitler. Mussolini fue derrotado, y cuando pretendía huir a Suiza fue capturado y ejecutado por miembros de la resistencia italiana, en Dongo, entre Milán y la frontera suiza, el 28 de abril de 1945, dos días antes del suicidio de Hitler, desapareciendo, así, el régimen fascista.

Su cadáver fue trasladado a Milán junto al de su amante, Claretta Petacci, e insultados por la multitud. Fue enterrado en una tumba sin nombre, poco después, su cuerpo fue robado por adeptos al fascismo, y escondido en un monasterio de frailes capuchinos, gracias a un pacto entre el Gobierno democrático y la Iglesia católica; al fin, en 1957, fue devuelto a su familia. Hoy se encuentra en el cementerio de San Cassiano in Pennino.

La gestión interna del gobierno fascista se ca- racterizó por un gran impulso de modernización, el desarrollo de las grandes obras públicas y de las industrias de tecnología avanzada, especialmente en las ramas eléctrica y metalmecánica, el origen de la actual capacidad industrial de Italia. En las ciudades se construyeron numerosos núcleos de habitaciones colectivas, así como grandes urbani- zaciones.

Mussolini aprobó las leyes raciales, discriminando y persiguiendo a los judíos, a los gitanos y a los homosexuales. Cerca de 7

Mussolini

mil italianos fueron deportados a los campos de exterminio nazi.

La mayoría de las ideas políticas de Mussolini eran superficiales y discutibles. El fascismo rechazaba la democracia y la igualdad política. Consideraba que la libertad no era un fin, sino un medio que, como tal, debía ser regulado y dominado.

Después de la alianza con Hitler, cometió los más violentos y crueles sucesos, moldeando el futuro del mundo occidental.

....

Benito Mussolini

Nacimiento: 29 de julio de 1883.

Muerte: 28 de abril de 1945.

Lugar de nacimiento: Dovia di Predappio, Forlì, Italia.

Padres: Alessandro Mussolini y Rosa Maltoni.

Matrimonio: Rachele Guidi.

Papel histórico: Militar, político y dictador italiano.

Hechos históricos: Fundó el Partido Fascista en 1919. Junto con Alemania y Japón, creó el Eje Berlín-Roma-Tokio, durante la Segunda Guerra Mundial.

....

Nazis y rusos firman pacto de no agresión

Pretende la eliminación del capitalismo, formando una economía comunista.

A la muerte de Lenin, toma el control del Partido Comunista.

Tiene un **encuentro con W. Churchill** y **Franklin D. Roosevelt** enin le puso el sobrenombre de *Stalin* (acero en ruso), porque creía que estaba hecho de este material, pero su nombre real era Iosif Vissariónovitch Dzhugashvili.

En 1888, entró al seminario menor de Gori, algo así como una escuela primaria ortodoxa, donde apredió ruso, pues hablaba georgiano, como muchos de sus compañeros. Finalizó sus estudios, siendo el primero de la clase, y ese mismo año se matriculó en el Seminario Mayor de Tiflis. Mientras estudiaba, formó parte de la organización socialdemócrata de Georgia, que difundía el marxismo.

En 1901 o 1903, Stalin ingresó al Partido Obrero Socialdemócrata ruso y destacó como dirigente durante la revolución de 1905-1907, organizando asesinatos, huelgas, manifestaciones y asaltos a bancos para conseguir fondos a los bolcheviques.

En 1905, se encargó de la organización del Partido en Tiflis y fue coeditor del periódico de los trabajadores del Cáucaso.

En 1907, el gobierno zarista disolvió la II Duma. Stalin, en la clandestinidad, creó los primeros núcleos armados de autodefensa para hacer frente al grupo paramilitar *Centurias Negras*. Fue detenido y desterrado a Krasnoiarsk, de

ahí a la región de Turujansk y finalmente a Kureika, dentro del círculo polar ártico. Pasaron cuatro años hasta que en 1916 fue trasladado nuevamente a Krasnoiarsk, de donde salió gracias a la revolución contra el zar Nicolás II, en febrero de 1917.

En 1917, era editor de Pravda, el diario oficial del partido, y es en esta época, ya con el nombre de Stalin, se convirtió en la persona más cercana a Lenin y fue electo por la base del Partido para formar parte del Comité Central, para después ser nombrado secretario del Politburó del Comité Central, cargo que desempeñó hasta su muerte.

> *"Logró un avance en la industrialización, elevando a la URSS como potencia industrial, sacando a Rusia del atraso económico."*

En 1919 estuvo al frente del Ejército Rojo en Petrogrado y dirigió después el consejo militar revolucionario del frente oeste; fue nombrado presidente del consejo militar revolucionario del frente sur, donde derrotó al ejército reaccionario de Krasnov.

En 1922, fue nombrado Secretario General del Comité Central del Partido Comunista Panruso, realizando un trabajo de organización y dedicándose a las tareas administrativas. Ese mismo año, Lenin sufrió una hemorragia cerebral y Zinoviev, Kamenev y Stalin se hicieron cargo del Partido y del gobierno. Al final de su vida, Lenin, se percató de que Stalin no era competente como dirigente, por lo que intentó denunciarlo ante el Congreso del Partido, pero sufrió nuevamente otro ataque que lo dejó sin habla y los documentos que escrubió a este respecto, fueron escondidos por Stalin.

Finalmente, Lenin murió en 1924 y el control del Partido fue tomado por Stalin, Kámenev y Zinóviev, quienes estaban ideológicamente entre Totsky, a la izquierda del partido, y Bujaron, a la derecha.

Stalin logró acumular poder político, eliminando a muchos dirigentes como Trotsky (asesinado en el exilio en México), Kamenev y Zinoviev, y a miles y miles de opositores a su política, como la mayoría de los miembros del Comité Central bolchevique que habían participado en la Revolución de Octubre.

Para finales de 1927, Stalin había logrado una posición dominante en el Partido y había asumido el control total de la Unión Soviética. Sus objetivos principales eran la eliminación del capitalismo, formando una economía comunista; la industrialización de la Unión Soviética; la colectivización y mecanización de la tierra y la defensa nacional. Logró un avance en la industrialización, elevando a la URSS como potencia industrial, sacando a Rusia del atraso económico, con respecto a las grandes potencias occidentales.

La agricultura fue colectivizada, para aumentar la producción agrícola, organizada en granjas mecanizadas en gran escala (los *koljós*), lo que permitía mayor control político de los campesinos, así como la mejora de la recaudación de los impuestos. Los *kulaks*, agricultores y campesinos que eran propietarios de sus tierras y contrataban a trabajadores, fueron eliminados, expropiándose masivamente las tierras, lo que trajo como consecuencia la reducción de la producción de cereales, que dio lugar, a una gran hambruna en Ucrania y millones de muertes.

"La Unión Soviética fue clave para el triunfo de los aliados en la Segunda Guerra Mundial, reconocido por Gran Bretaña y Estados Unidos, pero olvidado en la posguerra."

El país fue electrificado; se estableció la educación universal y un gran aparato nacional de salud. Se acabó con el desempleo y se estableció una constitución que garantizaba a los ciudadanos soviéticos; trabajo, educación, ciencia y cultura.

Entre 1936 y 1938, continuó con los procesos y las deportaciones de todos aquellos que se opusieron a sus métodos, como miles de los principales mandos militares y toda oposición en el seno del Partido y del Estado, acabaron en los *gulags* o campos de concentración, en las zonas más inhóspitas de Rusia, convertidos en obreros forzados, hasta su muerte.

Stalin participó como jefe de Estado en varios encuentros con los líderes de los países aliados. En Yalta y en Postadam, ambas en 1945, con Winston Churchill y Franklin D. Roosevelt, mostrándose como un gran negociador.

En cuanto a política exterior, la Unión Soviética formó parte de la Sociedad de Naciones en 1934, aliándose con Gran Bretaña y con Francia.

En 1939, se firmó un pacto de no agresión entre la Unión Soviética y la Alemania nazi, donde además se dividía a Europa oriental y central entre estos dos países, así como la partición de Polonia. También se permitió a Stalin la intervención en Finlandia y en los países bálticos.

Pero en 1941, Alemania atacó a la Unión Soviética, haciendo caso omiso del pacto. Los trabajadores de fábricas y campos se unieron al Partido, junto con el Ejército Rojo, en defensa de su país. Murieron más de 20 millones en la lucha. Durante la Batalla de Smolensk, su hijo Yakov fue capturado y murió en 1943 en un capo de concentración nazi, después de que Stalin se negara a salvarle la vida con un intercambio por otros rehenes.

Stalin participó como jefe de Estado en varios encuentros con los líderes de los países aliados. En Yalta y en Postadam, ambas en 1945, con Winston Churchill y Franklin D. Roosevelt, mostrándose como un gran negociador.

En 1945, cayó la Alemania nazi, con la toma de Berlín y la muerte de Hitler y la derrota del imperio japonés. La Unión Soviética fue clave para el triunfo de los aliados en la Segunda Guerra Mundial, reconocido por Gran Bretaña y Estados Unidos, pero olvidado en la posguerra.

En 1947, Stalin estableció la Oficina Comunista de Información, que se encargaba de coordinar las políticas de todos los países socialistas: Unión Soviética, Polonia, Hungría, Bulgaria, Albania, Yugoslavia y Checoslovaquia. Después creó el Consejo para la Asistencia Económica Mutua, cuyo objetivo era dar auxilios económicos para la reconstrucción de las economías socialistas de la posguerra. Estas medidas tenían el fin de crear una protección para la Unión Soviética, rodeándolo de gobiernos amistosos, contra posibles invasiones. Uno de los países más importantes fue China, donde la Unión Soviética apoyó a Mao Tse Tung, del Partido Comunista.

Por su parte, Estados Unidos veía al comunismo como un peligro, por lo que las relaciones con la Unión Soviética y sus exaliados, en la Segunda Guerra Mundial, se fueron desgastando, dando lugar a la Guerra Fría.

En 1948, Stalin fue de los primeros en reconocer a Israel como país, aunque más tarde cambió de opinión, oponiéndose.

Durante los últimos años de su vida, Stalin se volvió más paranoico, continuó con las persecuciones y veía en todos a un enemigo; contrató a 15 catadores de alimentos, mandó hacer túneles que comunicaran su despacho con otros edificios del gobierno, aparecía en público solamente si era necesario y dentro de un carro blindado.

"Stanli, era el salvador, el gran dirigente que libró al país de la amenaza nazi".

Murió el 5 de marzo de 1953, oficialmente por un ataque cerebro-vascular, provocado por su hipertensión, aunque existe la teoría de que fue envenenado por Beria, uno de sus allegados.

Es considerado un sobresaliente jefe militar, sobre todo al final de su vida, para el partido comunista era; "nuestra esperanza, nuestro deseo, la luz de la humanidad avanzada y progresista, nuestra voluntad, nuestra victoria". Gracias a él se consolidó la revolución, Stalin era el salvador, el gran dirigente que libró al país de la amenaza nazi y que mantuvo a raya a los Estados Unidos.

Stalin representaba la construcción de un país económicamente sólido, la industrialización y el control del Partido. Logró la invención y la construcción de la Unión Soviética, la primera gran sociedad socialista de la historia.

Fue un hombre tiránico y despótico, que retrasó el desarrollo del socialismo e impidió la verdadera democracia marxista-leninista. Sus manos están ensangrentadas por la gran cantidad de personas trasladadas en trenes, que se dirigían, por orden suya, hacia Siberia, sembrando la vía de cadáveres.

Justificó el exterminio de sus oponentes, diciendo que eran "enemigos del pueblo", y se le tacha de incompetente militar, por su forma de dirigir la guerra con un mapamundi y su intolerancia hacia otros puntos de vista.

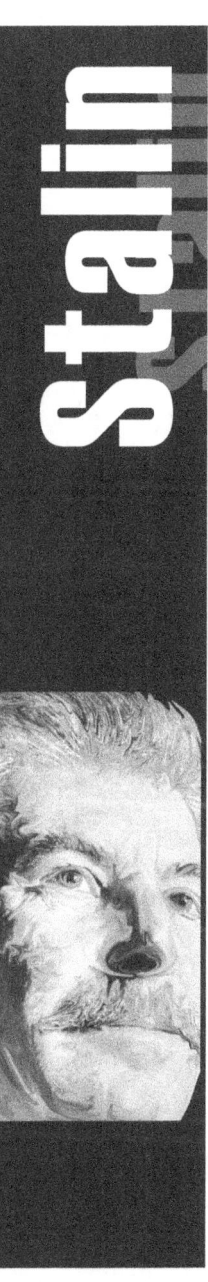

José Stalin

Nacimiento: 6 de diciembre de 1878.

Muerte: 5 de marzo de 1953.

Lugar de nacimiento: Gori, Georgia, Imperio Ruso.

Padres: Vissarion Dzhugashvili, que era zapatero y de Ekaterina Glaja Gueladzé

Matrimonios: Ekaterina Svanidze y Nadezhda Allilúyeva.

Hijos: Yakov, Vasili y Svetlana.

Papel histórico: Fue uno de los impulsores de la Revolución de Octubre de 1917. Secretario Ge neral del Comité Central del Partido Comunista de la Unión Soviética, de 1922 a 1952.

Hazañas históricas: Stalin dirigió a la URSS, convirtiéndola en la segunda mayor economía del mundo después de la Segunda Guerra Mundial, pero a costa de millones de vidas inocentes.

Los nazis son una amenaza, dice Churchill

Es nombrado primer ministro.

Afirma que es necesario el rearme de la Gran Bretaña.

Convence a los **Estados Unidos** Americanos **y** a la **Unión Soviética** para unir fuerzas **contra Alemania.**

inston Leonard Spencer-Churchill nació durante el apogeo de la Revolución Industrial en Inglaterra y pertenecía a la clase alta. Se trasladó con su familia a Dublín, cuando su abuelo fue nombrado virrey y su padre fungió como secretario político.

Churchill era un estudiante indisciplinado y mediocre, incluso, no terminó lo que hoy sería el equivalente al bachillerato. Sin embargo, sus últimos años escolares, fue preparado militarmente para ingresar en Sandhurst, la más importante academia militar del Reino Unido, donde estudio Táctica, Fortificación y Topografía, materias que, por fin, sí le agradaban. Este aprendizaje militar le sería de gran utilidad en el futuro.

En 1895 su padre murió y él fue nombrado subteniente del 4° Regimiento de Húsares. En 1897, regresó a Inglaterra y publicó su primer libro, *The Story of the Malakand Field Force*, acerca de su experiencia en la campaña; su madre logró que lo publicaran, recibiendo buenas críticas, pero el libro estaba lleno de erratas y errores ortográficos.

Después fue a Sudán y participó en la batalla de Omdurmán y, a su vez, trabajaba como corresponsal para *The Morning Post*. En 1898 regresó a Inglaterra y escribió *The River War*, obra de dos volúmenes, publicada en 1899.

En 1898, se afilió al Partido Conservador y un año después fracasó en las elecciones para diputado, fue entonces que se trasladó a Sudáfrica como corresponsal del *The Morning Post* en la guerra contra los bóers.

Churchill escribió dos libros cuyo tema fue la guerra de los bóeres: *London to Ladysmith vía Pretoria* y *Ian Hamilton's March*, publicados en mayo y octubre de 1900, respectivamente.

A su regresó a Londres, fue recibido como héroe, lo que le ayudó a conseguir el cargo de representante conservador de Oldham en la Cámara de los Comunes en 1900, iniciando así una exitosa carrera política.

Churchill estuvo en desacuerdo con su partido, por lo que en 1904 se pasó al partido liberal y consiguió su primer cargo gubernamental en el gabinete de Henry Campbell-Bannerman, como subministro de Colonias. En 1908 fue elegido ministro de Comercio y entre 1910 y 1911, fue ministro del Interior en el gobierno del primer ministro Herbert Henry Asquith.

> *"Churchill escribió dos libros cuyo tema fue la guerra de los bóeres:* London to Ladysmith vía Pretoria y Ian Hamilton's March, *publicados en mayo y octubre de 1900, respectivamente.*

En 1911, tres años antes del comienzo de la Primera Guerra Mundial, fue nombrado lord del Almirantazgo y reorganizó de inmediato el ejército británico, desarrollando la aviación naval, los tanques y el cambio de combustible de carbón a petróleo.

La armada inglesa perdió la batalla de los Dardanelos en 1915, ganándose el sobrenombre de "El Carnicero de Galípoli", por lo que Churchill tuvo que dimitir. Entonces, regresó al ejército en 1916, y luchó en Flandes, como teniente coronel. Al regresar de Francia y con el nombramiento de David Lloyd George como nuevo Primer Ministro, Churchill regresó al gobierno como ministro de Armamento, en 1917, y al finalizar la primera Guerra Mundial, fue Ministro de Guerra y Ministro del Aire (1919-1921), cuya principal preocupación fue el apoyo a Polonia en la Guerra Civil Rusa, pues estaba en desacuerdo con los bolcheviques.

En 1921 fue nombrado ministro para las colonias y participó en el Tratado Anglo-Irlandés, el cual estableció el Estado Libre de Irlanda.

En 1924, se reconcilió con los conservadores y fue nombrado ministro de Hacienda en el gobierno de Stanley Baldwin, pero su popularidad descendió en gran medida por su conservadurismo, pues sus decisiones originaron deflación, desempleo y una huelga general en 1926.

> "En 1953 se le entregó el Premio Nobel de Literatura por su libro Memorias sobre la Segunda Guerra Mundial."

Pero el nazismo alemán trajo de vuelta a Churchill, pues denunció el peligro que representaba para la Gran Bretaña y la necesidad del rearme británico. En 1938, se firmó el "Acuerdo de Munich", donde se estipulaba la renuncia de Alemania a cualquier otra pretensión territorial en Europa, a cambio de que el gobierno de Praga reconociera un régimen de autonomía para la región de los Sudetes, de mayoría alemana, pero Hitler rompió el acuerdo, y el 1 de septiembre de 1939, invadió a Polonia. En consecuencia, Francia e Inglaterra le declararon la guerra y Churchill fue llamado por el primer ministro Neville Chamberlain para que ocupara nuevamente el cargo en el Almirantazgo.

El 10 de mayo de 1940, Churchill fue nombrado primer ministro de una Inglaterra mal preparada para la guerra, tanto material como psicológicamente, y en su primer discurso declaró que sólo podía ofrecerle a la Gran Bretaña "sangre, sudor y lágrimas". Sin embargo, Churchill logró mantener la moral mediante sus discursos. Logró la colaboración de sus adversarios políticos y creó el ministerio de Defensa, así como un cuerpo especial de operaciones, para conducir y desarrollar operaciones subversivas en los territorios ocupados, y un cuerpo de comandos que se conoce, hoy en día, como "Fuerzas Especiales".

"Churchill estuvo a punto de morir, no a manos de sus enemigos, sino por problemas de salud. En diciembre de 1941, sufrió un ligero ataque cardíaco, y en diciembre de 1943 cayó enfermo de pulmonía".

Churchill trabajó para convencer a los Estados Unidos y a la Unión Soviética para que participaran en la guerra. En, 1941 tras el ataque a Pearl Harbour, los estadounidenses le declararon la guerra al Japón, contribuyendo con fuerzas militares a los aliados.

"Cuando la guerra terminó, con la derrota de Hitler, Churchill contaba con una gran popularidad, sin embargo, a los dos meses fue depuesto de su cargo. Continuó en el Parlamento como jefe de la oposición e impulsó la creación de los Estados Unidos de Europa".

Hitler, por su parte, en 1938, ocupó Austria y parte de Checoslovaquia. Hacia 1939, controló toda Checoslovaquia y Polonia, para después pasar a los Países Bajos, con miras a invadir Francia y Gran Bretaña. En 1940 entró a Francia y en 1941, Hitler invadió la Unión Soviética. Stalin, por su parte, se alió con Inglaterra, logrando que Churchill hiciera a un lado su anticomunismo.

Los soviéticos le pusieron a Churchill el sobrenombre de "el bulldog británico", debido a la voluntad de Churchill de enfrentarse al peligro, visitando los frentes de batalla.

Churchill estuvo a punto de morir, no a manos de sus enemigos, sino por problemas de salud. En diciembre de 1941, sufrió un ligero ataque cardíaco, y en diciembre de 1943 cayó enfermo de pulmonía.

En 1943, los dirigentes del bando aliado se reunieron en la conferencia de Teherán, seguida de la conferencia de Yalta, en Crimea, en febrero de 1945, y para julio y agosto de este mismo año, se celebró la conferencia de Postdam. Estos encuentros fueron importantes para la evolución de la guerra y para el futuro en la posguerra. En la última conferencia, Churchill no pudo participar de forma cabal, ya que fue depuesto y sucedido por Clement Attlee.

Cuando la guerra terminó, Churchill contaba con una gran popularidad, sin embargo, a los dos meses fue depuesto de su cargo. Continuó en el Parlamento como jefe de la oposición e impulsó la creación de los Estados Unidos de Europa.

En 1951 triunfaron nuevamente los conservadores y fue nombrado, de nuevo, primer ministro. Ahora su mayor preocupación era la Unión Soviética, acusando a Stalin de tener una "cortina de hierro" para separar los países de Europa occidental de la Europa del este.

En 1953 se le entregó el Premio Nobel de Literatura por su libro *Memorias sobre la Segunda Guerra Mundial*. Este mismo año, fue nombrado, por la reina Isabel II, como Caballero de la Jarretera, que es la orden de Caballeriza más importante y antigua del Reino Unido.

Finalmente, en abril de 1955, con un gobierno con varios problemas, como la disputa anglo-iraní, la rebelión Mau-Mau en Kenia y el conflicto de Malasia, presentó su renuncia como primer ministro.

En 1963, se le otorgó la ciudadanía honoraria de Estados Unidos. Ya retirado en Kent, falleció el 24 de enero de 1965, después de sufrir un ataque cardíaco. Su cuerpo permaneció en la capilla en Westminster durante tres días. El funeral fue realizado en la catedral de San Pablo y su féretro fue transportado por el río Támesis.

Gracias a él, el Reino Unido derrotó al nazismo, implicando a todo un pueblo, logrando sostenerlo con sus discursos; cuando todo parecía perdido, consiguió unir a su país y luchar hasta la victoria, y a su vez, mantuvo las instituciones parlamentarias durante toda la guerra.

A Churchill se le considera un dirigente cruel y con pocos escrúpulos, por utilizar como estrategia de guerra el bloqueo al enemigo para hacerle pasar hambre, e incluso reco noció que su objetivo era la muerte por inanición de los hombres, mujeres y niños de Alemania para que capitularan. Churchill consideraba la destrucción de la población enemiga como la lucha por la paz.

....

Winston Churchill

Nacimiento: 30 de noviembre de 1874.

Muerte: 24 de enero de 1965.

Lugar de nacimiento: Blenheim, Woodstock, Reino Unido.

Padres: Randolph Churchill y Jennie Jerome.

Matrimonio: Clementine Hozier.

Hijos: Diana, Randolph, Sara, Marigold, quien falleció siendo una niña, y Mary.

Papel histórico: Primer ministro del Reino Unido, de 1940 a 1945 y de 1951 a 1955. Único primer ministro británico en ganar el Premio Nobel de Literatura.

Hazañas históricas: Como estadista se le reconoció su liderazgo del Reino Unido durante la Segunda Guerra Mundial, y como pieza clave para la derrota del nazismo.

....

Gorbachov renuncia a la presidencia

Implementa dos nuevos conceptos: la *Perestroika* (reestructuración) y la *Glásnost* (transparencia).

Retira las tropas de Afganistan, después de una ocupación de diez años.

Declara que ya **no confía en** la **ideología marxista-leninista.**

ijaíl Sergueyévich Gorbachov pasó la mayor parte de su infancia, antes de ir a la escuela, con sus abuelos maternos, con quienes vivió el estalinismo. Durante sus años de escuela, destacó por su deseo de aprender y su responsabilidad. Pero la Segunda Guerra Mundial cambió su infancia. Al terminar ésta, Serguéi regresó a casa y al trabajo agrícola, y estudió su último año en secundaria. Fue aceptado como candidato a miembro del Partido Comunista de la Unión Soviética (PCUS).

Al finalizar sus estudios de secundaria, obtuvo una beca para estudiar en la Universidad Estatal de Moscú, la mejor de toda la Unión Soviética. En 1950, comenzó sus estudios de derecho y en 1952 fue admitido como miembro del PCUS.

Durante su estancia en la Universidad, ocurrió la muerte de Stalin en 1953, dándose un proceso de revisión de la obra del dictador, emprendida por el nuevo primer secretario del PCUS, Nikita Kruschev. Mucha gente no creyó la responsabilidad de Stalin en las atrocidades que ahora se le imputaban. Gorbachov no dudó en lo que Kruschev afirmaba.

Una vez titulado y casado, se estableció en la capital de la región, Stávropol, trabajó en la oficina del fiscal territorial del distrito y, a la vez, destacó en

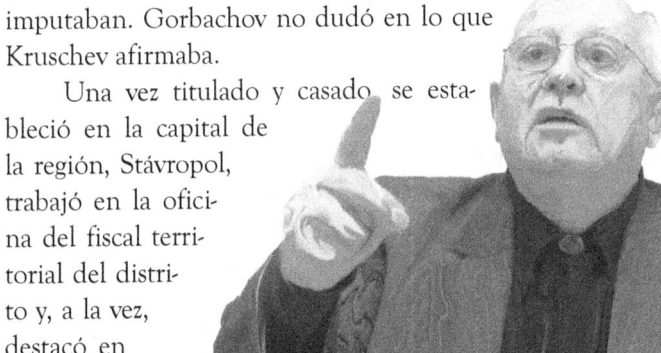

sus actividades dentro de la Liga de Jóvenes Comunistas (*Komsomol*). Después se le ofreció un cargo en el Partido como director del Departamento de propaganda regional en el Comité territorial de la Liga.

En 1978 fue nombrado secretario del Comité Central de PCUS y el 6 de diciembre de 1978 se trasladó de regreso a Moscú. Su primera tarea fue supervisar la agricultura nacional, por lo que realizó muchos viajes a lo largo y ancho de toda la URSS. Dos años más tarde fue nombrado miembro del Politburó del Partido, el cuerpo supremo de gobierno de la formación, lo que le permitió aprender cómo funcionaba la política en la capital.

> *"En cuanto a lo político, había que democratizar el sistema, priorizar las necesidades de las ciudades, reconocer su iniciativa colectiva y realizar un nuevo planteamiento de las reglas del juego internacional."*

Cuando Gorbachov fue elegido secretario general del Comité Central del PCUS, en marzo de 1985, el país y el conjunto de los países del bloque comunista, necesitaban un cambio. Desde el comienzo de sus funciones, se notó una diferencia: era mucho más joven que los antiguos líderes del Partido, era el primer secretario general que aún no había nacido cuando estalló la Revolución de 1917. Además, comenzó a aparecer en los medios de comunicación, acompañado de su esposa Raisa. A diferencia de sus antecesores, Gorbachov era una político que hablaba a la prensa con espontaneidad, pues no usaba notas y realmente respondía a las preguntas que se le hacían.

Así, pronto comenzaron los cambios en el país, con la implementación de dos conceptos: la *Perestroika* (reestructuración) y la *Glásnost* (transparencia). Ambos, proyectos de regeneración de la Unión Soviética, que consistía en una redefinición económica y política del país.

En el aspecto económico, Gorbachov pretendía una utilización de métodos racionales en la producción y consumo, y la sustitución de un sistema de planificación centralizada por una economía en la que el mercado jugase un papel mayor.

En cuanto a lo político, había que democratizar el sistema, priorizar las necesidades de las ciudades, reconocer su iniciativa colectiva y realizar un nuevo planteamiento de las reglas del juego internacional. El cambio implicaba reconocer al rival como a un igual y no satanizarlo, como había hecho la propaganda soviética durante décadas.

> *"En 1988 se dieron nuevas libertades individuales a los ciudadanos, como una mayor libertad de expresión y libertad de religión."*

En 1985, realizó un viaje a Ginebra para reunirse con el presidente de Estados Unidos, Ronald Reagan. Gorbachov propuso a Estados Unidos el desarme nuclear total y una reducción de las tropas estacionadas en Europa Central. La Guerra Fría llegaba a su fin, con la renuncia expresa de los dos rivales a alcanzar la hegemonía mundial mediante el uso de la violencia.

Pero mientras el cambio se daba, en Chernóbil estalló un reactor, el 26 de abril de 1986. La burocracia soviética bloqueó la información en relación con el incidente, esto produjo un descontento internacional contra los soviéticos y muchos culparon a Gorbachov.

En 1987, propuso a varios candidatos para las elecciones y el nombramiento de personas externas al Partido, en cargos en el Gobierno. En junio de ese mismo año, se aprobó una ley que otorgaba a las empresas mayor independencia.

"En 1989 se celebraron las elecciones para el Congreso, y el 15 de marzo de 1990, fue elegido como primer presidente de la Unión Soviética".

En 1988 se dieron nuevas libertades individuales a los ciudadanos, como una mayor libertad de expresión y libertad de religión. Se experimentó una apertura en derechos humanos dentro de Rusia; se reconoció y toleró a la disidencia. Muestra de ello fue el levantamiento del arresto domiciliario al Premio Nobel de la Paz de 1975, el físico nuclear Andréi Sajarov, uno de los científicos destacados del programa nuclear soviético que criticó la carrera armamentística y defendió los derechos humanos como base de cualquier sistema político. Los periódicos se abrieron a una mayor gama de información y se comenzaron a publicar obras prohibidas en décadas anteriores.

También retiró sus tropas de Afganistán y puso fin a una ocupación de 10 años, en la cual murieron 15,000 soldados soviéticos.

Así mismo, Gorbachov instauró la *Ley de Cooperativas*, donde se permitía la propiedad privada de las empresas de servicios, la industria manufacturera y los sectores de comercio exterior. También propuso un nuevo ejecutivo en la forma de un sistema presidencial, así como un nuevo elemento legislativo que se denominaría el Congreso de Diputados del Pueblo.

En 1989 se celebraron las elecciones para el Congreso, y el 15 de marzo de 1990, fue elegido como primer presidente de la Unión Soviética.

En febrero de 1990, se suprimió el artículo de la Constitución que prohibía la existencia de partidos diferentes al comunista, acabando con el monopolio del poder. En 1990 se le otorgó el Premio Nobel de la Paz, por los cambios en las relaciones entre el Este y el Oeste.

En julio de 1991, Gorbachov declaró que abandonaba la ideología marxista-leninista, lo que significaba el fin del comunismo como proyecto de cambio político basado en la lucha de clases y la revolución; ahora se haría a través de la democracia.

En marzo de 1991 se convocó un referéndum en la Unión Soviética, y el 78% de los votantes votó por el "sí" a la continuidad de la Unión Soviética, cosa que no pudo llevarse a cabo, ya que Ucrania, Rusia y Vielorrusia se se pararon.

"Gorbachov presentó, su dimisión el 25 de diciembre de 1991, poniendo fin a su carrera política y a la historia de la Unión de Repúblicas Socialistas Soviéticas".

Mientras tanto, en Europa del Este, desde 1989, los regímenes comunistas se fueron cayendo. Estas tensiones nacionalistas, en los países de Europa del Este, afectaron a Rusia. En 1989 se produjeron los primeros problemas en el Cáucaso y al año siguiente, en las elecciones celebradas en las tres repúblicas bálticas, las opciones nacionalistas vencieron. En 1991 estalló la crisis. En enero se enfrentaron el ejército soviético y la población letona y lituana, produciéndose los primeros muertos. La causa: la realidad multinacional, las fronteras imprecisas, durante décadas, y la mezcla étnica. Gorbachov intentó negociar con varios de los nuevos líderes de la URSS, la firma de un nuevo Tratado de la Unión, para el 20 de agosto, para redefinir el estado federal.

El poder estaba en manos de los presidentes de las repúblicas federadas, ahora independientes, que habían decidido confede rarse temporalmente en una Comunidad de Estados Independientes.

"En Occidente, se le considera un héroe, pues cambió al mundo y configuró el siglo XXI, tal y como lo vivimos".

Gorbachov presentó, entonces, su dimisión el 25 de diciembre de 1991, poniendo fin a su carrera política y a la historia de la Unión de Repúblicas Socialistas Soviéticas.

A partir de 1992, Gorbachov se dedicó a la política internacional y a la promoción de la investigación sobre Rusia, las relaciones internacionales y la susten tabilidad ecológica del planeta. Ese mismo año, creó la Fundación Internacional para Estudios Socioeconómicos y Políticos, conocida como *Fundación Gorbachov*, que ha pretendido ser de las principales reservas de ideas para construir el futuro de todo el mundo. En 1993, puso en marcha la Cruz Verde Internacional, que se dedica a buscar medios para salvaguardar la riqueza ecológica del planeta, a nivel global.

Gorbachov se opuso tanto al bombardeo de la OTAN sobre Yugoslavia, en 1999; como a la guerra de Irak, encabezada por los Estados Unidos, en 2003.

Gorbachov

En Occidente, a Gorbachov se le considera un héroe, pues cambió al mundo y configuró el siglo XXI, tal y como lo vivimos. Su programa consistió en modernizar el proyecto soviético, no en destruirlo. Fue un comunista convencido, que quiso poner al día una ideología que admiraba profundamente y acabó llevándola a la tumba, pero a cambio brindó a la humanidad un horizonte de paz como no se conocía desde hacía muchas décadas.

....

Mijaíl Gorbachov

Nacimiento: 2 de marzo de 1931.

Lugar de nacimiento: Stávropol, Rusia.

Padres: Sergey Andreyevich Gorbachev y Maria Panteleyevna Gorbacheva.

Matrimonio: Raisa Titarenko.

Hija: Irina Mihailovna Virganskaya.

Papel histórico: Secretario general del Partido Comunista de la Unión Soviética, de 1985 a 1989, y presidente de la Unión Soviética, de 1989 a 1991.

Hazañas históricas: Tras la implementación de sus proyectos, *Perestroika* (reestructuración) y *Glásnost* (transparencia), puso fin a la URSS, al régimen comunista y reunificó a Alemania.

....

Asia y África

Cleopatra quiere apropiarse del Imperio Romano

Enredada en una alfombra, logra colarse al palacio para hablar con Julio César.

La inescrupulosa mujer le ofrece dinero a Marco Antonio para que asesine a su hermana, Arsinoe IV.

El emperador romano, **Octavio**, **acusa a Cleopatra** de haberle dado *toluache* a Marco Antonio.

Cleopatra VII, nombrada reina por su padre, junto a su hermano, retomó la política de la dinastía ptolemaica y fue la primera en su familia en aprender el egipcio, lo que le ganó la simpatía de su pueblo. Considerada una diosa en vida, se presentaba como una encarnación de Afrodita o Isis, por lo que ejerció la práctica habitual del incesto entre los miembros de la familia gobernante.

Los gobernantes ptolemaicos, ante la amenaza que Roma representaba, convirtieron al reino egipcio en aliado y amigo de este imperio, hasta convertirse en sus títeres.

En el año 51, Ptolomeo XIII —un joven de entre 10 y 12 años— y su hermana-esposa, Cleopatra VII —de 18 años— son los herederos de Ptolomelo Auletes.

Al poco tiempo, la hermana de Cleopatra, Arsinoe, y su hermano-esposo reclamaron el trono, alentados por sus consejeros, por lo que es exiliada en Siria, donde prepara un ejército, sin mucho éxito.

Ya en Egipto, Cleopatra se entera que Julio César se encontraba en Alejandría y busca encontrarse con él para derrocar a su hermano;

que se envuelve en una alfombra y llega ante la presencia de Julio César como un regalo, así comienza una relación política y amorosa entre el romano y la egipcia.

Julio César, al principio, estaba a favor de que los dos hermanos continuaran gobernando Egipto, pero tras hablar con Cleopatra, la apoya, poniendo a su disposición a su ejército, dando lugar a la llamada Guerra Alejandrina. Tanto los consejeros como el propio Ptolomeo, murieron en el año 47 a. C., y su hermana Arsinoe fue encarcelada por Julio César.

> *"A la muerte de Julio César vino una guerra civil. Por un lado, se encontraba el heredero Octavio y por el otro, el jefe del ejército de Julio César, Marco Antonio, quien se encargó de perseguir a los asesinos de Julio César."*

Nuevamente como reina, Cleopatra contrajo matrimonio con su hermano menor, Ptolomeo XIV, pero éste murió en el año 44 a. C. Ella sabía del gran afecto de sus súbditos y para engrandecer a su pueblo, no dudo en utilizar y enfrentar a políticos y militares romanos, los hombres más poderosos de su tiempo.

Gracias a Cleopatra, Julio César conoció la cultura y costumbres egipcios y se identificó con la forma de divinización de los reyes y el poder dinástico, pues tenía la intención de acabar con la República e imponer un régimen personal, pero necesitaba un heredero. Ellos tuvieron un hijo que nació en el año 47 a. C., llamado Cesarión, pero no fue reconocido por Julio César.

Julio César, entonces, invitó a Cleopatra, a su esposo Ptolomeo y a Cesarión para ir a Roma. Cleopatra tenía interés de ir a Roma, donde permaneció año y medio, con la esperanza de la unión con Julio César. Pero en el año 44 a. C., Julio César murió y dejó como heredero al trono a Octavio. Entonces, Cleopatra tuvo que regresar a Egipto.

A la muerte de Julio César vino una guerra civil. Por un lado, se encontraba el heredero Octavio y por el otro, el jefe del ejército de Julio César, Marco Antonio, quien se encargó de perseguir a los asesinos de Julio César. Marco Antonio le solicitó ayuda a Cleopatra, quien supuestamente envió una flota, pero nunca llegó a su destino. Entonces arregló un encuentro con Cleopatra en la ciudad siria de Tarso, en el año 41 a. C., donde comenzaron una relación amorosa. Cleopatra le ofreció ayuda económica, a cambio de asesinar a su hermana Arsinoe IV, lo cual cumplió. Marco Antonio vivió en Egipto al lado de Cleopatra, el invierno del 41 al 40 a. C., olvidando su proyecto del ataque contra los *partos* (ciudadanos del imperio ubicado en el territorio euroasiático).

Al final, Marco Antonio tuvo que regresar a Roma, a su llegada se casó con Octavia, hermana de Augusto, el futuro primer emperador de Roma y sobrina nieta de Julio César. Mientras tanto, Cleopatra dio a luz a sus hijos gemelos, Cleopatra Selene II y Alejandro Helios.

> *"En el transcurso de la historia, ha sido acusada de ser sexualmente insaciable, sedienta de poder y codiciosa de dinero, de dominar la voluntad de Marco Antonio mediante alguna droga."*

En el año 37 a. C., Marco Antonio retomó el plan de la campaña contra los partos y pide que a Cleopatra que le ceda Alejandría como centro de operaciones. Ella lo condiciona, pidiendo que reconozca a Cesarión como hijo legítimo y heredero de Julio César; la entrega de territorios romanos en oriente y África, al reino de

Egipto (Chipre, Fenicia y Creta); la cesión de la biblioteca de Pérgamo; el reconocimiento de su paternidad sobre los gemelos y el matrimonio con Cleopatra. Así, ambos se casaron en el año 37 a. C., pero este matrimonio no fue reconocido en Roma. Posteriormente nació otro hijo de ambos: Ptolomeo Filadelfo.

En el año 33 a. C., Marco Antonio fue visto como un traidor en Roma, pues Octavio dio a conocer su testamento, donde reconocía a Cesarión como hijo de Julio César, la pretensión de trasladar la capital, de Roma a Alejandría, y su deseo de ser enterrado en este lugar. Marco Antonio pidió el divorcio de Octavia, lo que provocó la guerra.

Octavio declaró la guerra a Cleopatra, acusándola de pretender ser la reina de Oriente y dominar el Imperio romano. Tras varias batallas, la guerra entre Oriente y Occidente finalizó, con la batalla de *Actium* o *Accio*, al sur de Grecia, en el año 31 a. C., perdiendo Oriente. Marco Antonio se refugió en el puerto de Paretonio y Cleopatra regresó a su palacio, donde esperaba el encuentro con Octavio, ahora jefe único de Roma y del Mediterráneo. En su encuentro, Octavio pidió la entrega de Marco Antonio, pero Cleopatra se negó.

Cleopatra se encerró en su mausoleo, con sus tesoros, amenazando con prenderles fuego, si Octavio no accedía a sus peticiones relacionadas con Egipto y sus hijos. Cuando Marco Antonio se enteró de esto, se clavó un puñal, agonizante lo llevaron al mausoleo de Cleopatra.

Octavio sacó a Cleopatra del mausoleo para vigilarla, pues pensaba llevarla a Roma, donde la pasearía por las calles y luego le daría muerte. Cleopatra al enterarse de esto, envió a Arabia o a la India —no se sabe con exactitud— a su hijo Cesarión para ponerlo a salvo y preparó su suicidio con el veneno de la aspid, el símbolo del Egipto faraónico. Octavio trató de revivir a Cleopatra sin lograrlo.

Fue la última representante de la dinastía ptolemaica que dominó Egipto durante casi 300 años. No dudó en ejercer el poder

efectivo cuando sus esposos o hijos se mostraron incapaces o fueron desacreditados. Fue vencida y vencedora. Ha sido acusada de ser sexualmente insaciable, sedienta de poder y codiciosa de dinero, de dominar la voluntad de Marco Antonio a través de alguna droga.

....

Cleopatra

Nacimiento: En el año 69 a. C.

Muerte: En el año 30 a. C.

Lugar de nacimiento: Alejandría, Egipto.

Padres: Ptolomeo XII Auletes o El Flautista y Cleopatra V Trifena.

Hermanos: Cleopatra VI, Berenice IV, Arsinoe IV, Ptolomeo XIII y Ptolomeo XIV.

Matrimonios: Ptolomeo XIII, Ptolomeo XIV y Marco Antonio.

Hijos: Cesarión, Cleopatra Selene II, Alejandro Helios y Ptolomeo Filadelfo.

Papel histórico: Última reina del Antiguo Egipto del 51 a. C. al 30 a.   C., y de la dinastía ptolemaica.

Hazañas históricas: Se enfrentó a políticos y militares romanos, los hombres más poderosos de su tiempo, y aspiró a dominar el mundo junto a estos hombres.

....

Gengis Kan vengó a su padre

Su padre fue envenenado cuando tenía 13 años y desde entonces juró venganza.

Mata a 300 merkitas por secuestrar a su esposa.

Vence a los poblados de Targutai y Yamuga **con un ejército de muñecos montados a caballo.**

engis Kan, cuyo nombre original era Temüjin, que significa "el mejor acero", tenía seis hermanos. Nació en un ambiente aristocrático, pues su padre era el jefe de los *kiutes*, tribus del suroeste del lago Baikal, que contaba con 40,000 tiendas.

El pueblo mongol era un pequeño pueblo nómada que pastoreaba sus rebaños por el desierto de Gobi. Tenía su propio *kan* o príncipe, que cuidaba el orden en su territorio. Era un pueblo guerrero donde los hombres se entrenaban para la guerra desde jóvenes y eran buenos jinetes.

Cuando Gengis tenía 13 años, su padre fue envenenado por los tártaros. Entonces él y su familia se vieron solos, sin el apoyo de las tribus que anteriormente respaldaban a su padre.

Después de su matrimonio con Börte, ésta fue secuestrada por la tribu de los merkitas. Temüjin entonces se dio a la tarea de juntar el apoyo de la tribu de los keraitos para rescatarla, dando muerte a 300 hombres y convirtiendo a las mujeres en esclavas.

A partir de este momento, su prestigio y su poder se dio a conocer entre muchas tribus que se le unieron y, en 1188, logró reunir un ejército de 13,000 hombres para hacer la guerra a Tartugai, donde fue vencedor. Entonces volvió a los territorios de su familia y las tribus que le habían abandonado a la muerte de su padre, lo reconocieron como su jefe.

"Gengis introdujo nuevas formas de organización del ejército."

Gengis introdujo nuevas formas de organización del ejército. Lo dividía en grupos de 10,000, 1,000, 100 y 10 hombres; y mezcló etnias y tribus, lo que mejoró la cohesión interna del ejército.

Gengis implantó un régimen de terror, ejecutando matanzas masivas. Los pueblos que no se le sometían eran derrotados en el campo de batalla y empujados hacia la selva o a los desiertos y sus propiedades eran repartidas entre los vencedores. Antes de atacar a un pueblo más avanzado, reunía información de forma exhaustiva con los habitantes de las fronteras, o la mayoría de las veces, mediante comerciantes, casi siempre musulmanes.

Su fama creció y, en 1202, su ejército cercó y venció a los tártaros en la Mongolia oriental, por lo que el emperador chino, le concedió el título de Tschaochuri, plenipotenciario entre los rebeldes.

En 1206, Gengis, por primera vez en la historia, gobernó la mayoría de las tribus mongolas y fue proclamado Rey o Kan de Mongolia.

Tras su coronación, Gengis ordenó liberar a todos los esclavos de origen mongol y crear escuelas de medicina con sabios chinos, y luego persas. Impuso las leyes fijas de dicho código conocido como Yasa, que sirvió de base para las instituciones civiles y militares, y organizó su reino de modo que sirviese exclusivamente para la guerra. Inculcó a sus súbditos la idea de nación y los puso a trabajar en la producción de alimentos y material bélico para su ejército, creando un "Estado en armas".

También las mujeres entraban en la organización con su trabajo, y les concedió derechos, desconocidos en otros países orientales, como el de propiedad privada.

No satisfecho con estas conquistas, se propuso dominar otros países. El primer objetivo fue China, que en ese momento se encontraba dividida. En 1211, Gengis comenzó la lucha contra los tres imperios que la gobernaban, las dinastías Xia, Jin y el Kanato de Kara-Khitán. El ejército mongol, con 180,000 hombres, logró situarse pronto a sólo 40 km de Pekín, y para acabar con la resistencia de esta ciudad, recurrió a los conocimientos de ingeniería de prisioneros chinos, fabricando máquinas de asedio y adiestrando a sus tropas.

"Gengis Kan congregó a los mongoles bajo un mismo cetro, a través de alianzas y batallas, donde demostró su capacidad como estratega."

Como prueba de su ingenio militar, se cuenta que prometió dejar en paz a sus adversarios de una población china, si éstos le daban todos los pájaros de su ciudad; cuando le entregaron las aves en grandes jaulas, y los tuvo en su poder, les prendió fuego. Los pájaros volaron hacia sus nidos en los tejados de la ciudad, incendiándola, y los habitantes corrieron fuera de sus casas, cayendo en medio de las espadas mongolas.

Finalmente, en 1214, el emperador chino se rindió, entregando a su hija a Gengis junto con mil niños para hacerlos esclavos, 3,000 caballos y grandes cantidades de oro, plata y seda.

Después, Gengis inició la conquista del gran imperio musulmán de Karhezm, gobernado por el sultán Mohamed, que se extendía desde el mar Caspio hasta la región de Baja, y desde los Urales hasta la meseta persa. En 1220, los mongoles destronaron al sultán e invadieron Azerbaidyán y penetraron en la Rusia meridional, hasta llegar a Bulgaria. También sometieron Corea, arrasaron el Jurasán y llegaron a los territorios de Afganistán, Gazni, Harat y Merv.

Otra de sus hazañas militares se llevó a cabo contra sus enemigos de Targutai y Yamuga. Al verse en una situación de desventaja, Gengis hizo que cada soldado hiciera un muñeco y lo pusiera en su caballo de reserva, para que el ejército mongol simulara ser dos veces más numeroso, y así atemorizaron a sus adversarios.

En poco más de diez años, el imperio mongol creció hasta abarcar desde las orillas del Pacífico al corazón de Europa. Karakorum, la capital de Mongola, era el centro del mundo oriental.

"Tuvo relaciones con decenas de mujeres, y actualmente se calcula que más de 200,000 mongoles son sus descendientes directos, y gracias a estudios genéticos se ha comprobado que hasta uno de cada 200 humanos lleva el "cromosoma Y" de Gengis Kan".

Gengis murió el 18 de agosto de 1227, a los 65 años. Sus sucesores dominaron toda Asia, penetraron aún más en Europa y derrotaron a húngaros, polacos y alemanes. Después, el imperio decayó hasta desaparecer.

Gengis Kan congregó a los mongoles bajo un mismo cetro, a través de alianzas y batallas, donde demostró su capacidad como estratega.

Gengis Kan

Tuvo relaciones con decenas de mujeres, y actualmente se calcula que más de 200,000 mongoles son sus descendientes directos, y gracias a estudios genéticos se ha comprobado que hasta uno de cada 200 humanos lleva el "cromosoma Y" de Gengis Kan.

....

Gengis Kan

Nacimiento: 1162.

Muerte: 18 de agosto de 1227.

Lugar de nacimiento: Noroeste de Mongolia.

Padres: Yesugei y Oelón-Eké.

Matrimonio: Börte.

Hijos: Yuci, Yagatay, Ogodei y Tuli.

Papel histórico: Guerrero y conquistador mongol. Emperador de los mongoles, entre 1206 y 1227.

Hazañas históricas: Fundó el primer imperio mongol, el imperio contiguo más extenso de la Historia, mediante la unificación de las tribus nómadas al norte del continente asiático.

....

Gandhi proclama la Independencia de India

Lanza una campaña de resitencia pasiva contra los impuestos a la sal.

Hace un llamado para que nadie se integre al ejército y no pagar impuestos.

Decide no celebrar la independencia, por no estar a favor de la violencia que sigue existiendo en la nación india.

ohandas Karamchand Gandhi, conocido como Mahatma Gandhi recibió el nombre honorífico de *Mahatma* (alma grande) de Rabindranat Tagore.

Gandhi no fue un estudiante brillante, tras su fracaso académico lo obligaron a ir a Londres a estudiar derecho, con el objetivo de que sucediese a su padre en la corte de Rajkot.

En 1891, después de titularse, regresó a la India para comenzar una carrera de abogado, sin conseguirlo.

En 1893 viajó a Sudáfrica para ocuparse de los asuntos legales de la casa de comercio de Kathiawar, por un año, pero acabó quedándose varios años.

Comenzó una actividad de concientización en la comunidad india de Sudáfrica, desarrollando mecanismos para defenderse de los abusos y las humillaciones a través de la ley.

En 1894, fundó la *Natal Indian Congress*, asociación para la defensa de los intereses indios en la Unión Sudafricana.

En 1907, las autoridades británicas obligaron, por medio de una ley, a todos los inmigrantes indios a registrar sus huellas dactilares y permitió a la policía registrar sus casas, fue cuando Gandhi puso en marcha el *satyagraha*, "aferrar firmemente la verdad", doctrina que ponía en práctica la desobediencia civil y la no-violencia.

En 1915, regresó a su patria como un líder político popular, desarrolló un programa de regeneración política que incluía la unidad entre hindúes y musulmanes; la supresión de los "intocables" (la casta inferior de la sociedad india); la prohibición del alcohol; el uso del *khadi*, que era ropa tejida a mano; el desarrollo de industrias rurales; la educación basada en los oficios; la igualdad en las mujeres; el uso de las lenguas indígenas a la par de la única lengua oficial para todo el país; igualdad económica; y la formación de organizaciones de obreros y campesinos.

> *"Comenzó la concientización en la comunidad india de Sudáfrica, desarrollando mecanismos de solidaridad para defenderse de los abusos y las humillaciones."*

En marzo de 1919, las autoridades británicas aprobaron varias leyes que limitaban los derechos civiles, por lo que lanzó su primera campaña nacional de resistencia pasiva, llamó a la huelga general y a manifestaciones de masas.

La reacción del gobierno fue la disolución de una manifestación a tiros, en la que murieron 379 personas y más de mil resultaron heridas. Meses después comenzó la lucha por la independencia.

En 1920, Gandhi lanzó un movimiento nacional de no-cooperación, que duró dos años, y consistió en no utilizar los servicios públicos, no acudir a las cortes de justicia ni a los colegios y no pagar impuestos ni servir en el ejército, razón por la que arrestado y juzgado en marzo de 1922. Fue condenado a seis años de prisión, pero pasó poco tiempo encarcelado, gracias a la presión social.

En los años siguientes, Gandhi promovió la mejora de la situación de las mujeres, el desarrollo de industrias rurales y la unión entre hindúes y musulmanes.

En 1930, el gobierno británico impuso un impuesto sobre la sal, por lo que Gandhi lanzó una nueva campaña de resistencia. Organizó una peregrinación pacífica y animó a los indios a fabricar y vender su propia sal.

El gobierno británico en respuesta, arrestó a mas de 60,000 personas.

Los periódicos de todo el mundo siguieron este acontecimiento, presionando al virrey para negociar con él. Gandhi se trasladó a Londres en septiembre de 1931 para comenzar las negociaciones, sin muchos resultados.

En agosto de 1942, Gandhi reclamó la independencia de inmediato, por lo que fue arrestado nuevamente, pasando dos años en prisión. En 1944, Kasturbai, su esposa, falleció.

> Gandhi comenzó un ayuno en protesta por la violencia y más tarde realizó una peregrinación por la paz al distrito bengalí de Noakhali, el más afectado por la violencia religiosa, donde trabajó la reconciliación entre octubre de 1946 y febrero de 1947."

Con el fin de la Guerra, en 1945, se convocaron elecciones para diciembre, venciendo el Congreso, debido a la mayoría numérica de los hindúes. Pero la asamblea constituyente fue boicoteada por la Liga y los príncipes de los estados indios.

Mientras tanto, en el norte del país se desató la violencia entre hindúes y musulmanes que peleaban por la independencia por separado.

Gandhi comenzó un ayuno en protesta por la violencia y más tarde realizó una peregrinación por la paz al distrito bengalí de Noakhali, el más afectado por la violencia religiosa, donde trabajó la reconciliación entre octubre de 1946 y febrero de 1947.

El 15 de agosto de 1947, finalmente fue proclamada la independencia, separando el territorio mayoritariamente hindú, la India, del mayoritariamente musulmán, Pakistán. Gandhi decidió no participar en la celebración del acontecimiento, por la sangre que se había derramado y porque la ola de violencia no cesaba.

El 30 de enero de 1948, cuando Gandhi se dirigía a su reunión de oración diaria por la paz en Nueva Delhi, Nathuram Godse, estudiante que militaba en una organización hindú radical, lo mató a tiros.

Gandhi murió sin haber logrado la pacificación y la reconciliación de los pueblos de la India.

A su muerte, la violencia se detuvo temporalmente y más de un millón de personas acudieron a su cremación. Sus cenizas fueron arrojadas al río Ganges.

Durante los años en los que vivió en Sudáfrica, Gandhi afirmó que los indios eran "un poco mejores que los salvajes nativos de África", que son "sucios y viven casi como animales". También opinaba que los niños indios no debían mezclarse con los negros en las escuelas y se oponía a las relaciones entre personas de distintas razas. También se dice que maltrataba con frecuencia a su esposa y era muy violento con sus hijos.

"Gandhi murió sin haber logrado la pacificación y la reconciliación de los pueblos de la India."

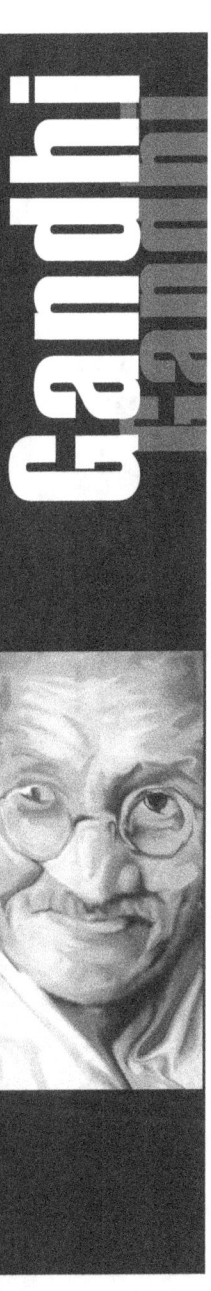

Gandhi

Gandhi compartía su cama, desnudo, con su bis-sobrina de 17 años y otra menor de edad, en lo que llamó "un experimento para probar su castidad".

....

Mahatma Gandhi

Nacimiento: 2 de octubre de 1869.

Muerte: 30 de enero de 1948.

Lugar de nacimiento: Porbandar, India.

Padres: Karamchand Gandhi y Putlibai.

Matrimonio: Kasturbai Makhanji.

Hijos: Harilal, Devdas, Manilal y Ramdas.

Papel histórico: Abogado, pensador y político indio, defensor y promotor de los derechos civiles en Sudáfrica y en la India.

Hazañas históricas: Logró la independencia de la India, a través de la no violencia activa.

Circunstancias de su muerte: Muerto a tiros por Nathuram Godse.

....

Mao da un "Gran Salto Adelante"

Encabeza la "Larga Marcha" como líder de las guerrillas de Hunan y Jiangxi.

Apoya la formación de comités revolucionarios y los guardias rojos, integrado por jóvenes que hacían uso de extrema violencia.

Permite el saqueo de museos y templos.

ao Zedong o Mao Tse Tung, fue el mayor de tres hijos de campesinos. Vivió hasta los 8 años con la familia de su madre y su educación formal comenzó a los 13 años, después de su regreso con su padre. Sirvió en el ejército provincial de Hunan, durante la Revolución de Xinhai, en 1911, que terminó con la caída de la dinastía Qing y la proclamación de la nueva República de China.

Posteriormente, regresó a la escuela y se graduó en la Primera Universidad Normal de Hunan, en 1918. En Changsha fue nombrado director de una escuela primaria. Junto con su profesor, Yang Changji, viajó a Pekin, comenzó a trabajar como ayudante de bibliotecario en la Universidad de Pekin, donde leyó a autores como Bakunin, Kropotkin, Li Dazhao y Chen Duxiu, que lo inspiraron a crear una célula marxista dentro de la universidad.

En 1921, Mao asistió al Primer Congreso del Partido Comunista de China, donde posteriormente fue nombrado miembro del Comité Central en el Tercer Congreso. Fue perseguido por las fuerzas de Jiang Jieshi o Chang Kai-Shek y se tuvo que esconder en las montañas de Jiangxi, donde se organizó con sus seguidores campesinos, en guerrillas llamadas el "Ejército Rojo".

En 1931, creó en Kiang-xi la primera República Soviética de China, cuál se le eligió como presidente. Tras una década como líder de las guerrillas de Hunan y Jiangxi, Mao encabezó la "Larga Marcha", en 1934; tras ser cercado el Ejército Rojo, fue obligado a huir al noreste chino. Pero a causa de la invasión japonesa al norte de China, nuevamente, ambos bandos, comunistas y nacionalistas, se unieron para luchar contra los invasores.

"Desarrolló planes de educación y sanidad públicas, que mejoraron el nivel de vida; generó empleo con la expropiación de empresas."

Después de la Segunda Guerra Mundial, China se vio envuelta en una guerra civil, entre 1946 y 1949.

Los Estados Unidos de América respaldaron a Chang Kai-Shek, contra el ejército comunista de Mao, quien estuvo respaldado por la Unión Soviética. A partir de enero de 1949, las fuerzas del KMT fueron progresivamente derrotados por el Ejército Popular de Liberación o EPL, nuevo nombre dado al Ejército Rojo.

Mao fue elegido presidente de la República Popular China, el 1 de octubre de 1949 y, entre 1954 y 1959, fue presidente del Partido e inició un programa de colectivización que continuó hasta 1958. Repartió tierras entre los campesinos, tras ser expropiadas a terratenientes; desarrolló planes de educación y sanidad públicas que mejoraron el nivel de vida; generó empleos con la expropiación de empresas; independizó a China de la Unión Soviética y logró su ingreso a la ONU y a su Consejo de Seguridad, siendo reconocida como una nación influyente a nivel internacional.

Aumentó el consumo medio de alimentos y disminuyó la mortalidad. Acabó con las casa de juego, redujo el consumo del opio y la prostitución. Mandó construir diques, ferrocarriles, industrias, hospitales y escuelas. La tasa de alfabetización subió de 15% en 1949 a 80 o 90% a mediados de la década de los 70. Entre 1949 y 1975, la esperanza de vida se duplicó, de 32 a 65 años.

Al principio de su mandato, Mao se mostró tolerante con las diferentes ideologías, dentro de lo que se conoció como el "Movimiento de las Cien Flores", pero posteriormente, ante las críticas constantes al comunismo, Mao comenzó a perseguir a sus oponentes durante el llamado "Movimiento Antiderechista".

En 1950, China, con el apoyo de la Unión Soviética, comenzó un desarrollo industrial, que le trajo una deuda cuantiosa.

"Mao se fue distanciando cada vez más del comunismo soviético y puso en marcha una política de desarrollo llamado Gran Salto Adelante, que impulsó, principalmente, la industria del acero, mediante el trabajo colectivo."

Mao se fue distanciando cada vez más del comunismo soviético y puso en marcha una política de desarrollo llamado "Gran Salto Adelante", que impulsó principalmente, la industria del acero, mediante el trabajo colectivo. Muchos campesinos fueron movidos a las acererías. Al final, el producto no tuvo la calidad esperada y junto con un período de malas cosechas y la retirada de asistencia técnica por parte de la Unión Soviética, se produjo una hambruna generalizada en el país, estimándose la muerte de entre 30 y 40 millones de personas, por inanición.

En 1962, Mao creó el Movimiento de Educación Socialista, cuya finalidad era evitar el contacto de los campesinos con el feudalismo y el capitalismo. A su vez, se publicó propaganda con la figura de Mao al centro, como el salvador del pueblo, conociéndose como el culto a Mao.

Tras el fracaso del "Gran Salto Adelante", Mao fue sustituido en la presidencia por Liu Shaoqi, con el apoyo de Deng Xiaoping, secretario general del Partido, aunque Mao continuó como su presidente.

"Creó comités revolucionarios y los 'guardias rojos'".

En 1966, Mao lanzó la llamada "Revolución Cultural", con el propósito de fortalecer al socialismo, destinado a reformar al hombre por medio del adoctrinamiento sistemático y la persuasión de masas.

Esta Revolución sembró gran terror en China hasta 1969. Mao creó comités revolucionarios y los "guardias rojos", integrado por jóvenes que hacían uso de extrema violencia y que eran seleccionados por "criterios de clase", pues eran hijos de miembros del Partido Comunista y excepcionalmente se admitía a algún miembro de las "buenas clases" (obreros o campesinos), excluyendo a los jóvenes de clase media.

Su nueva concepción del comunismo o "maoísmo" fue plasmada en el *Libro Rojo*, conociéndose a nivel mundial.

Mao incitó a la Guardia Roja, a acabar con las "cuatro antigüedades": antiguas ideas, antigua cultura, antiguas costumbres y antiguos hábitos. La Guardia Roja acabó con antigüedades, pinturas y obras caligráficas; se quemaron libros y casi todas las colecciones privadas se destruyeron. Se saquearon los museos, palacios, templos, sepulcros antiguos, estatuas, pagodas y murallas.

Falleció en Pekin, el 9 de septiembre de 1976, después de sufrir problemas pulmonares, a causa del cigarro, agravado por el mal de Parkinson.

Según el doctor Li Zhishui, "Ni siquiera la miseria de millones de moribundos durante el Gran Salto Adelante le afectó", pues asegura que Mao "vivía en una villa con piscina cubierta, viajaba en un tren blindado y raramente entraba en contacto con la gente normal".

....

Mao Tse Tung

Nacimiento: 26 de diciembre de 1893.

Muerte: 9 de septiembre de 1976.

Lugar de nacimiento: Shaoshan, provincia de Hunan, China.

Padres: Yichang y la Séptima Hermana Wen.

Matrimonios: Luo Yixiu, Yang Kaihui,
He Zizhen y Jiang Qing.

Papel histórico: Líder popular, dirigente del Partido Comunista de China y fundador de la República Popular de China.

Hechos históricos: Aunque se le debe el surgimiento de China como potencia mundial, Mao fue el responsable de los problemas sociales y económicos derivados de sus políticas, como el Gran Salto Adelante y, especialmente, la Revolución Cultural que produjo millones de muertes por hambre, persecuciones políticas, religiosas e ideológicas.

....

Idi Amin, derrocado por una fuerza ugandesa

"Hitler hizo bien quemando 6 millones de judíos", afirma.

Declaró legal la poligamia para justificar sus múltiples matrimonios.

Se encontraron refrigeradores **con carne humana** con la que **preparaba macabros platillos.**

di Amin nace en una familia de campesinos de la tribu musulmana Kakwa. Estudió varios años en la escuela islámica de Bombo, pero era casi analfabeto. Tuvo diversos oficios hasta que fue reclutado por un oficial del ejército colonial británico.

A los 21 años, se alistó como cocinero de los Fusileros Africanos del Rey (KAR), del Ejército colonial británico. Después fue trasladado a Kenia como soldado de infantería y en 1949 combatió a los rebeldes shifta.

En 1962, tras la independencia de Uganda de Gran Bretaña, Amin fue promovido a capitán y el año siguiente a comandante, para después ser el segundo en la cadena de mando del ejército.

En 1965, Amin y el primer ministro, Milton Obote, estuvieron implicados en el contrabando de marfil y oro, actividad que llevaban a cabo para comprar armas de contrabando. Obote, por su parte, se declaró a sí mismo presidente ejecutivo y nombró a Amin coronel y jefe del ejército.

Pero Obote se distanció de Amin y controló las fuerzas armadas, degradó a Amin de comandante de todas las fuerzas armadas y cuando planeaba arrestarlo por malversación de fondos, Amin dio un golpe militar. En febrero de 1971, a una semana del golpe, se autonombró presidente, comandante en jefe de las fuerzas armadas y jefe de los estados mayores del ejército de tierra y del aire. Liberó a presos políticos, pero no cumplió su promesa de celebrar elecciones libres.

Estableció un Consejo Asesor de Defensa, compuesto por oficiales del ejército, presidido por él. Colocó los tribunales militares por encima del sistema de derecho civil, nombró a soldados para los más altos puestos. Reemplazó la Unidad de Servicio General (GSU), una agencia de inteligencia creada por el gobierno anterior, por la Oficina de Investigación de Estado (SRB).

Tras un fallido golpe de estado, organizado por exiliados de los grupos étnicos acholi y lango, quienes fueron masacrados; para inicios de 1972 unos 5,000 militares y al menos el doble de civiles de esas etnias habían desaparecido. Según la estimación realizada por organizaciones en el exilio, con la ayuda de Amnistía Internacional, murieron alrededor de 500,000 personas.

> "Amin practicaba la natación, rugby y fue campeón de box en 1951.

En agosto de 1972, Amin declaró una "guerra económica", expropió propiedades de asiáticos y europeos. Casi 80,000 asiáticos fueron expulsados, muchos de ellos, propietarios de negocios y empresarios que componían la columna vertebral de la economía del país. Estas empresas fueron entregadas a sus seguidores, lo que impactó de manera negativa en la economía del país.

Decretó la expulsión de la población judía e indopaquistaní, en 1972, porque "Dios quiere una Uganda de negros" y también declaró que "Hitler hizo bien quemando 6 millones de judíos".

Nacionalizó 85 empresas de propietarios británicos y rompió relaciones diplomáticas con Gran Bretaña. También se distanció de la India y de Israel, entonces consiguió ayuda financiera de Gadafi.

Por su parte, la Unión Soviética se convirtió en el mayor proveedor de armas de Amin y Alemania Oriental, a través de la Unidad de Servicios Generales y la Oficina Estatal de Investigación.

En noviembre de 1978, el vicepresidente, Mustafa Adrisi, resultó herido en un accidente de coche, por lo que las tropas leales a él se amotinaron. Amin envió soldados contra los amotinados, algunos de los cuales huyeron por la frontera con Tanzania, lo que sirvió de excusa para que Amin acusara al presidente tanzano, Julius Nyerere.

> *"Después de que rompió relaciones diplomáticas con el Reino Unido, declaró que se condecoró a sí mismo con el título de Conquistador del Imperio Británico."*

En enero de 1979, Amin fue derrocado por una fuerza de ugandeses en el exilio, apoyados por Tanzania. Tuvo que retirarse, a pesar de la ayuda militar de la Libia de Gadafi, y se vio forzado a huir al exilio, el 11 de abril de 1979, cuando Kampala fue capturada. Primero escapó a Libia, donde permaneció hasta 1980 y finalmente vivió en Arabia Saudita.

Al menos tuvo 6 esposas y se divorció 3 veces. Para justificar su conducta ante el pueblo, en 1973, declaró legal la poligamia.

Muere en agosto de 1963, después de una prolongada agonía.

Al principio de su mandato, Amin fue el símbolo de la resistencia de las grandes potencias mundiales.

Para mucha gente negra en Estados Unidos de América, la expulsión de los asiáticos y su oposición a los británicos fue un golpe nacionalista que iba a poner el destino de Uganda en manos negras.

Nelson Mandela agradeció a Amin por su papel para derrocar el *apartheid* en Sudáfrica. Sin embargo, Amin estuvo al frente del "Reinado de terror", al grado de trasmitir en directo, por televisión la decapitación de sus oponentes.

Amin fue conocido como el "Hitler africano" o el "Carnicero de Kampala"; alguna vez declaró: "La Historia no ha sido justa con Adolf Hitler, algún día se le reconocerá todo lo que hizo, África le debe mucho".

"Decretó la expulsión de la población judía e indopaquistaní en 1972, porque según explicó: Dios quiere una Uganda de negros".

Para mantener su vigor sexual, ordenó la muerte de todos los elefantes del país, porque creía que el polvo de sus colmillos tenía propiedades afrodisíacas. Cuando fue derrocado, aparecieron en su palacio varios refrigeradores llenos de carne humana y llegó a declarar: "Es más salada y blanda que la animal, es un banquete. No poder ingerirla es lo que más extraño cuando estoy fuera de mi país".

Después de que rompió relaciones diplomáticas con el Reino Unido, declaró que se condecoró a sí mismo con el título de "Conquistador del Imperio Británico". Su título completo era: "Su Excelencia, el presidente vitalicio, mariscal de campo, Alhajir Dr. Idi Amin Dada, señor de todas las bestias de la tierra y peces del mar y conquistador del imperio británico en África en general y en

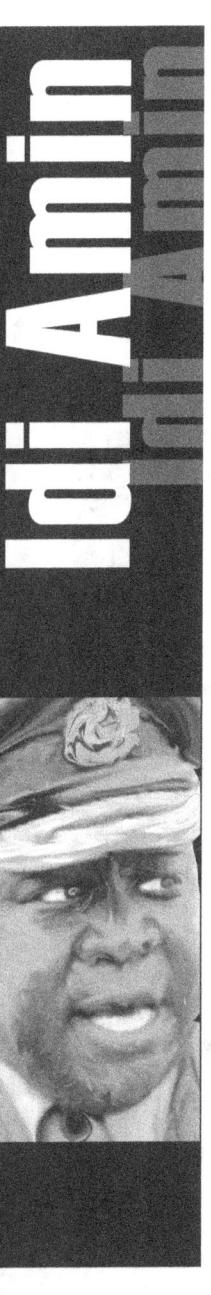

Uganda en particular". De igual manera, se autoproclamó como el "último rey de Escocia". Así mismo, se confirió un doctorado en leyes de la Universidad Makerere y creó la Cruz Victoriosa, emulando la Cruz Victoria británica.

Después de su mandato, Uganda quedó sumida en una profunda crisis económica.

....

Idi Amin

Nacimiento: 1925.

Muerte: 16 de agosto de 2003.

Lugar de nacimiento: Koboko, Uganda.

Padres: Andreas Nyabire, después llamado Amin Dada y Assa Aatte.

Matrimonios: Malyamu, Kay, Nora, Nalongo Madina, Sarah Kyolaba y Mama a Chumaru.

Papel histórico: Dictador militar y tercer presidente de Uganda, de 1971 a 1979.

Hechos históricos: El gobierno de Amin se caracterizó por la el abuso a los derechos humanos, la represión política, la persecución étnica, los asesinatos extrajudiciales, la corrupción y la mala gestión económica.

....

Arafat muere envenenado

Yasir toma la presidencia de Al Fatah.

....

Arafat consiguió entrar en Siria con sus hombres y cruzar la frontera hacia el Líbano.

....

Continúan las agresiones a Israel, **Arafat no puede controlar a su propia policía.**

ohammed Abdel Rahman Abdel Raouf Arafat al-Qudwa al-Huseini fue el quinto de siete hermanos y quedó huérfano de madre desde los cuatro años.

Tras la caída de los países árabes y la expansión territorial del recién creado Estado de Israel, Arafat y su familia tuvieron que dejar Jerusalén y regresar a El Cairo.

En 1950, Arafat se matriculó en la Universidad Rey Fuad, para realizar estudios de Ingeniería Civil. En 1952, un golpe militar revolucionario derrocó a la monarquía conservadora y probritánica, por lo que Arafat fundó la Unión General de Estudiantes Palestinos (UGEP).

En julio de 1956, Arafat se graduó como ingeniero y fundó la Unión de Graduados Palestinos (UGP), desde donde realizaba actividades políticas y guerrilleras.

En octubre de 1957, se crea en Kuwait, el movimiento "Al Fatah" que tenía como objetivos la destrucción del Estado judío por la vía militar, el regreso de los refugiados de 1949 a sus lugares de origen y el establecimiento de un Estado árabe en Palestina, que incorporaba a Cisjordania y a todo Jerusalén, su capital. En el año 1959, celebra su congreso constitutivo en el Emirato y en 1963, el partido abrió, en Argel, su primera oficina informativa en un país árabe.

Estando en Kuwait, Arafat consiguió el apoyo económico de palestinos adinerados que trabajaban allí y en otros países del Golfo, como Catar, Libia y Siria.

En 1964, en el Cairo, la cumbre de la Liga Árabe decide crear una entidad palestina. El 29 Mayo de ese mismo año, el primer Congreso Nacional Palestino creó en Jerusalém Este, la Organización para la Liberación de Palestina OLP, eligiendo como su presidente a Ahmed Chourei. Esta organización rechazó la partición de Palestina de 1947 y no reconoció el Estado de Israel. Al Fatah rechaza integrarse en la OLP porque la considera una creación de los países árabes vecinos.

En la "Guerra de los Seis Días", en 1967, Israel lanzó un ataque aéreo contra la fuerza aérea de Egipto, y ocupó los territorios árabes de Cisjordania y Jerusalén Este, la franja de Gaza, la península del Sinaí y los altos del Golan árabes. A la semana de la derrota, Arafat entró en Cisjordania, y estableció centros de reclutamiento en Hebrón, y empezó a atraer a luchadores y patrocinadores para su causa.

"Estando en Kuwait, Arafat consiguió el apoyo económico de palestinos adinerados que trabajaban allí y en otros países del Golfo, como Catar, Libia y Siria."

En junio de 1968, Al Fatah entra en el Congreso Nacional Palestino (CNP) y Arafat asume la presidencia.

Arafat fue invitado a unirse a la Organización para la liberación de Palestina (OLP), ocupando Al Fatah. Un año después fue designado presidente de la OLP. Dos años más tarde, se convirtió en el Comandante en Jefe de las Fuerzas Revolucionarias Palestinas y, poco después, en su líder.

La relación entre palestinos y el gobierno jordano se tensó y el 15 de septiembre de 1970, el Frente Popular para la Liberación de Palestina (FPLP) secuestró cinco aviones, haciéndolos explotar, una vez desembarcados sus pasajeros. Por unas semanas, cesó la acción guerrillera de el FPLP.

En 1970, durante la primera cumbre de la Liga Árabe, en El Cairo, los gobiernos árabes intentaron resolver el conflicto, por lo que el ejército jordano expulsó a los guerrilleros palestinos.

Arafat consiguió entrar en Siria con sus hombres y cruzar la frontera hacia el Líbano para unirse a las fuerzas de la OLP de ese país, estableciendo su nueva sede.

En1974, Arafat habló ante la Asamblea General de Naciones Unidas y el conflicto entre palestinos e israelíes, a partir de este momento se internacionaliza oficialmente.

En 1987, la muerte de cuatro palestinos en Gaza a manos de un conductor israelí, suscitó la primera *Intifida* (levantamiento), extendiéndose a todos los territorios ocupados. Arafat logró que Jordania renunciara a sus derechos sobre Cisjordania, en favor de los palestinos. El 15 de noviembre de ese año, Arafat proclamó el Estado de Palestina, que fue reconocido por más de sesenta países.

> *"En el año 2000, el acuerdo de paz se quebró, los enfrentamientos con Israel continuaron aún más violentos."*

Comenzó las negociaciones con Israel, después de varias derrotas militares; de la desaparición de la Unión Soviética; y del principio de la Guerra del Golfo, pues tomó partido a favor de Saddam Husein, lo que lo debilitó políticamente. En 1991, durante la Conferencia de Paz de Madrid, se impuso el principio de paz a cambio de territorios. Estas negociaciones continuaron en Washington.

En 1992, la OLP y el gobierno de Israel negociaron en secreto los Acuerdos de la paz de Oslo. Isaac Rabin y Yasir Arafat firman en Washington la Declaración de Principios sobre los Acuerdos Provisionales de la Autonomía Palestina. Este acuerdo supone el reconocimiento mutuo de la autonomía de Gaza y Cisjordania. Por este hecho se le otorgó el Premio Nobel de la Paz.

"Luchó para lograr la soberanía de su pueblo, que consta de 4 millones de palestinos radicados en Cisjordania y Gaza".

A partir de 1994, Arafat asumió la presidencia de la Autoridad Nacional Palestina, con poder sobre Gaza y Jericó, aunque después se expandió a otras ciudades de Cisjordania. El 20 de enero de 1996 fue ratificado por el pueblo palestino, con 90 % de los votos.

En 2000, el acuerdo de paz se quebró, los enfrentamientos con Israel continuaron aún más violentos. Arafat no pudo controlar a su propia policía, permitió la corrupción y autorizó el uso de la violencia, perdiendo autoridad entre los palestinos. Desde 2001 vivió en Ramallah, recluido en su cuartel general. Murió a la edad de 75 años. Muchos creen que el Mossad llevó a cabo el asesinato de Arafat, por envenenamiento.

Yasir Arafat es considerado uno de los más importantes líderes de la resistencia palestina ante el Estado israelí. Luchó para lograr la soberanía de su pueblo, que consta de 4 millones de palestinos radicados en Cisjordania y Gaza, que carecen de los derechos políticos y sociales elementales.

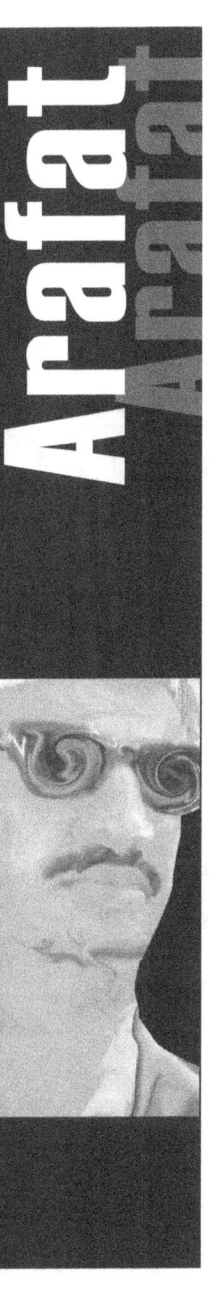

Arafat es un héroe para los palestinos. Pero es también un presidente autoritario que no quiso compartir con ninguno de sus compatriotas las responsabilidades políticas para conseguir los objetivos de la libertad y la soberanía nacional para su pueblo.

....

Yaseer Arafat

Nacimiento: 24 de agosto de 1929.

Muerte: 11 de noviembre de 2004.

Lugar de nacimiento: El Cairo, Egipto.

Padres: Abdel Raouf al-Qudwa y
Hamida Khalifa al-Husseini.

Matrimonio: Suha Arafat.

Hija: Zahwa Arafat.

Premios: Premio Nobel de la Paz.

Papel histórico: Líder nacional palestino, presidente
de la Organización para la Liberación de Palestina,
presidente de la Autoridad Nacional Palestina y líder
del partido político Al Fatah.

Hazañas históricas: Luchó hasta el día de su muerte, para
lograr la soberanía del pueblo palestino.

Causa de muerte: Por envenenamiento con
polonio 210, material radioactivo.

....

Husein es acusado de terrorismo

A los 21 años comete su primer asesinato.

Nacionaliza el petroleo irakí, por lo que mejora la economía nacional.

Bush lo acusa de poseer armas de destrucción masiva.

adam Husein Abdel Majid at-Tikriti comenzó su edu-cación cuando tenía 9 años, mientras vivía con su padras-tro Hassán al-Ibrahim. En 1955 se trasladó a Bagdad para integrarse al instituto de secundaria.

En 1958 realizó su primer asesinato político, el de un mili-tante comunista de Tikrit, de un disparo en la cabeza, por lo que fue encarcelado durante medio año y finalmente liberado por falta de pruebas.

En 1962, se matriculó en la Facultad de Derecho, becado por el Gobierno egipcio; no terminó la carrera, aunque, en 1971, obligó a la Universidad Al Mustansiriya de Bagdad a otorgarle el diploma de jurista.

En 1963, Husein regresó de Egipto para integrarse nueva-mente a las filas del Baaz, fiel a Ahmad Hassan al-Bakr, quien fue durante un tiempo primer ministro. Fue miembro del Mando Re-gional del partido.

En octubre de 1964, Sadam fue a-rrestado, acusado de conspirar contra la vida del jefe del Es-tado. Aún en prisión, fue elegido vicesecreta-rio general del Mando Regional irakí. En julio de 1966, logró escapar de la cárcel, aprovechan-do su traslado a otro centro.

Sadam organizó una milicia baazista, el Jihaz Haneen, desde la clandestinidad, que tuvo un papel importante en el golpe de Estado del 17 de julio de 1968, para derrocar a Abdel Rahmán Muhammad Aref. Así, el Baaz retomó el poder y Sadam fue el encargado de organizar el aparato de seguridad e inteligencia del nuevo régimen.

> *"Sadam planeó la invasión del Emirato de Kuwait, en 1990, esta posesión terminaría con los apuros económicos y le daría el control del golfo Pérsico."*

Fue designado vicepresidente de la República, en noviembre de 1969, y confirmado como vicepresidente del Consejo del Mando de la Revolución (CMR), donde jugó un papel importante en la decisión de nacionalizar la Compañía de Petróleos Iraki (IPC), que generó grandes ingresos petroleros e impulsó los programas de armamento de destrucción masiva, tanto nuclear como químico y bacteriológico, así como el rearme a gran escala del Gobierno iraki.

El 16 de julio de 1979, Sadam adquirió los cargos de presidente de la República, presidente del CMR, primer ministro, secretario general del Baaz y comandante en jefe de las Fuerzas Armadas, y se autonombró mariscal de campo del Ejército iraki. Arrestó a cinco miembros del CMR, incluso a su secretario general, Abdel Husein Mashhadi, y a cientos de cuadros baazistas, oficiales del Ejército y responsables gubernamentales.

Sadam se encargó de perseguir masivamente al Partido Comunista, en 1979, y rompió los acuerdos de Argel de 1975, reclamando las islas Tumb y reanudando la ayuda a la comunidad árabe del Juzestán, en el oeste de Irán. El 22 de septiembre, el Ejército iraki invadió Irán por diversos puntos. Pero en 1982, Irán recuperó la totalidad de su suelo, ante la mala estrategia militar.

Durante la guerra contra Irán, Husein realizó la *Operación al-Anfal*, realizando un genocidio en la región kurda del norte de Irak, donde se calcula que murieron alrededor de 180,000 civiles.

"Sus últimas palabras fueron: Larga vida al pueblo, larga vida a la nación. Abajo los invasores. Dios es grande".

En febrero de 1982, Irak fue borrado por Europa Occidental y Estados Unidos, de la lista de países patrocinadores del terrorismo internacional, pero en 1984 se restablecieron las relaciones diplomáticas interrumpidas y Husein consiguió el apoyo de los países árabes moderados. Así, Estados Unidos de América proveyó (hasta terminada la guerra) a Irak, de imágenes por satélite de las posiciones iraníes, helicópteros de combate, agentes para sintetizar gas sarín y cultivos bacterianos para desarrollar bombas de ántrax y botulismo. Asimismo, Irak también recibió armamento en secreto, de la URSS.

El 20 de agosto de 1987 finalizó oficialmente la Guerra e Irak se proclamó vencedor.

Entonces, Irak sufrió una crisis económica y los ingresos por el petróleo no fueron suficientes para cubrir los costos de la deuda y la importación de alimentos.

Sadam planeó la invasión del Emirato de Kuwait en 1990; esta posesión terminaría con los apuros económicos y le daría el control del golfo Pérsico, el imperio petrolero. Las potencias occidentales rechazaron el conflicto, así como algunos importantes estados árabes y no árabes de oriente, y Husein fue mostrado como un dictador, como una amenaza para la seguridad internacional.

Estados Unidos le declaró la guerra a Irak, dirigiendo una coalición internacional, y puso en marcha la *Operación Tormenta del Desierto*, dando inicio la Guerra del Golfo. Así, en febrero de 1991, George Bush anunció la liberación de Kuwait, después de 43 días de guerra.

En 1993, Bill Clinton ordenó el lanzamiento de 23 misiles sobre el Cuartel General de la Inteligencia iraquí, en Bagdad, tras acusar a Husein de mandar asesinar al expresidente Bush padre, durante una visita a Irak. Posteriormente, Estados Unidos de América y Gran Bretaña bombardearon Irak con la denominada *Operación Zorro del Desierto*, por la renuencia de Irak para recibir a comisiones de desarme de la ONU, pues según la CIA, existían en Irak existían fábricas de armas químicas y bacteriológicas.

Después de los atentados del 11 de septiembre de 2001 en Estados Unidos de América, el presidente George W. Bush incluyó a Irak, Irán y Corea del Norte en el denominado "eje del mal".

Con el pretexto de que Irak poseía armas de destrucción masiva, Estados Unidos, Gran Bretaña, Australia, España y Polonia le declararon la guerra a Irak, lo que originó la caída del régimen de Husein, el 9 de abril de 2003.

Husein fue capturado el 13 de diciembre de 2003 y dos años despues es acusado de asesinar a 148 iraquíes chiies de la aldea de Duyail, en 1982; por el ataque químico a Halabja, en 1988; por la represión chiita de 1991; por la guerra contra Irán, entre 1980 y 1988 (apoyado por Estados Unidos de América, Francia y la Unión Soviética); y la invasión de Kuwait, en 1990. El 5 de noviembre de 2006, el Alto Tribunal Penal iraquí (controlado por los Estados Unidos) le decretó la pena de muerte en la horca, llevándose a cabo el 30 de diciembre de ese mismo año en Bagdad. Sus últimas palabras fueron: "Larga vida al pueblo, larga vida a la nación. Abajo los invasores. Dios es grande."

Llevó a Irak a una época boyante, al impulsar el negocio del petróleo, Construyó casas unifamiliares; fomentó la alfabetización,

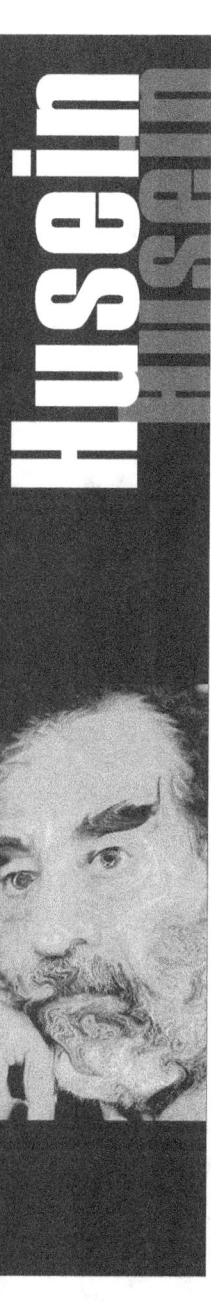

Husein

tras la aprobación en 1976, de la ley de educación obligatoria para ambos sexos; llevó en sólo unos años, electricidad, agua corriente, dispensarios y escuelas al pueblo.

....

Sadam Husein

Nacimiento: 28 de abril de 1937.

Muerte: 30 de diciembre de 2006.

Lugar de nacimiento: Tikrit, Irak.

Padres: Husein al-Majid y Subha Tulfah.

Matrimonios: Sajida Tulfah, Samira Shahbandar, Nidal Hamdani e Imane Howeid.

Papel histórico: Dictador de Irak, entre 1979 y 2003.

Hechos históricos: Exterminó a todos sus oponentes. Invadió Iran, en 1980. Mató a alrededor de 180,000 kurdos, entre 1986 y 1989. Invadió Kuwait, en 1990.

Circunstancias de su muerte: Fue enjuiciado y colgado por las autoridades iraquíes.

....

"Perro rabioso", le dice Reagan a Gadafi

El joven comandante de las Fuerzas Armadas libias destrona al rey Idris con un golpe de estado.

El presidente estadounidense ordenó el bombardeo a Trípoli y Bengasi, una de las víctimas fue la hija adoptiva de Gadafi.

Gadafi se niega a abandonar su programa armamentista y ni la presión popular lo obliga a dimitir de su cargo.

uamar Muhamad Abu-minyar el Gadafi, al concluir sus estudios en la academia militar, fundó en la clandestinidad el Movimiento Secreto Unionista de Oficiales Libres, y años después, ya siendo jefe de las Fuerzas Armadas y como presidente del Consejo de la Revolución, destronó al rey Idris con un golpe de estado, que inició el 1 de septiembre de 1969.

Al tomar el poder, fortaleció las Fuerzas Armadas, desmanteló las bases militares británicas y estadounidenses, y expulsó a los miembros de las comunidades italiana y judía, prohibió los partidos políticos y rechazó las potencias occidentales.

Gadafi se convierte en el nuevo líder de su pueblo, al destinar millones de dólares en mejorar las condiciones de vida, logra gran popularidad entre los más pobres, al abrir fuentes de trabajo en la planta de acero y en la construcción del río artificial que trasladaría agua de los pozos del desierto a las comunidades costeras. Llevó a cabo un plan para la explotación de la riqueza petrolera en beneficio del pueblo, logrando que la calidad de vida de la población creciera rápidamente, convirtiendo a Libia en la nación africana con mayor PIB.

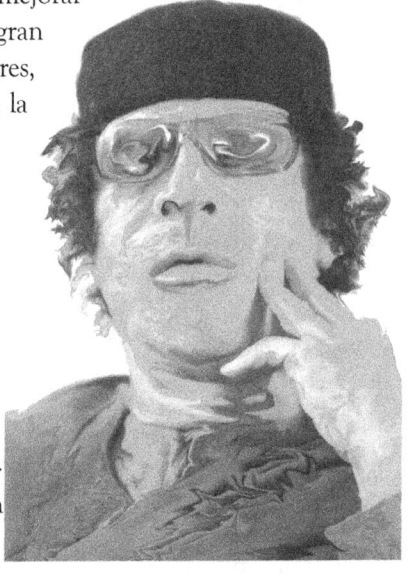

En 1977 cambió el nombre del país de Jamahiriya (Estado de las Masas) Árabe, por el de Libia Popular y Socialista, y permitió a los ciudadanos dar sus opiniones en congresos populares.

Gadafi organizó una campaña contra los intereses franceses, estadounidenses y británicos en todo el mundo. Para ello ayudó logística y económicamente a grupos terroristas palestinos, europeos, al IRA y a organizaciones de protesta de Estados Unidos de América, los *Black Panthers*.

El presidente estadounidense, Ronald Reagan, lo tachó de "perro rabioso" y durante 1982, Estados Unidos de América tomó medidas económicas contra Libia, como la prohibición de importación de crudo libio, e impuso restricciones para la entrada de importaciones estadouni- denses. Reagan también ordenó ese año, que sus aliados no negociasen económicamente con Libia y bombardeó Trípoli y Bengasi, en 1986. Entre las víctimas que hubo, estaba la hija adoptiva de Gadafi.

> *"En 1977, cambió el nombre del país por Jamahiriya (Estado de las Masas) Árabe, por el de Libia Popular y Socialista, y permitió a los ciudadanos dar sus opiniones en congresos populares."*

Gadafi transformó a Libia de tal manera que pasó de ser el país más pobre del mundo al más próspero de África. Fue un firme sostén de Nelson Mandela y de los luchadores anticolonialistas del África negra; y promotor de la fraternidad de negros, tuaregs, bereberes y árabes. Gadafi elevó la calidad de vida del pueblo libio al sitio más alto en el continente africano y hasta en el Oriente Medio. Liberó a las mujeres musulmanas y las invitó a formar parte de su gobierno. Gadafi representaba la amenaza de una África independiente, utilizando los inmensos recursos a su disposición.

Gadafi se convirtió en persona *non grata* en Occidente, en enemigo de los que han utilizado a África para su beneficio, después de nacionalizar los recursos naturales, echar a Gran Bretaña y a Estados Unidos de América fuera de sus bases libias y utilizar el petróleo para financiar movimientos revolucionarios en contra de regímenes títeres en África y otras partes del mundo.

De igual forma, Gadafi se ganó la enemistad de Occidente, al iniciar un movimiento para rechazar al dólar y al euro. Pidió a las naciones árabes y africanas utilizar una nueva moneda, el dinar de oro.

> *"En septiembre de 2004, el presidente George W. Bush finalizó formalmente el embargo económico de Estados Unidos de América, tras la decisión de Gadafi de abandonar su programa de armamento prohibido y de indemnizar a las víctimas de Lockerbie "*

En 1988, se llevó a cabo un atentado a un avión de PanAm, sobre la ciudad escocesa de Lockerbie, adjudicado a dos ciudadanos libios, en el que fallecieron 270 personas, en su mayoría norteamericanos. Gadafi, al principio, se negó a entregar a los sospechosos, pero gracias a la mediación de Nelson Mandela en 1999, finalmente los entregó para ser sometidos a juicio.

En septiembre de 2004, el presidente George W. Bush finalizó formalmente el embargo económico de Estados Unidos de América, tras la decisión de Gadafi de abandonar su programa de armamento prohibido y de indemnizar a las víctimas de Lockerbie a pesar de que el propio Gadafi reconoció que entre el 28 y 29 de junio de 1996, mandó a ejecutar a más de 1,000 prisioneros.

En 2009, Gadafi fue elegido presidente de la Unión Africana y dio su primer discurso ante la asamblea general de la ONU. Intentó reelegirse, sin lograrlo.

A principios de 2011, tras perder el poder los presidentes Zine al-Abidine Ben Ali de Tunisa y Hosni Mubarak de Egipto, surgieron varias protestas exigiendo al presiente que iniciase una serie de reformas en cuanto a los derechos humanos y el derecho a la libre expresión dentro del país, para detenerlas utilizó armas, helicópteros, aviones de combate y hasta bombas contra los manifestantes.

"Fue muerto durante un enfrentamiento con tropas del CNT, en Sirte, formando parte de la lista de los más grandes villanos".

La ONU impuso a Gadafi un embargo de armas, le prohibió viajar fuera del país y le congeló sus bienes. Incluso el llamado Consejo Nacional de Transición (CNT) de Libia, organización creada por las potencias invasoras, ofreció pagar un millón 600 mil dólares y amnistiar a quien "mate o entregue vivo" al líder libio.

El lunes 27 de junio del 2011, la Corte Penal Internacional aprobó la solicitud de Moreno Ocampo, Fiscal de la Corte Penal Internacional, para girar una orden de arresto judicial preventivo de Gadafi, de uno de sus hijos, Saif al Islam Gadafi, y del jefe de la inteligencia militar libia, cuñado de Gadafi, por presuntos delitos contra el pueblo libio.

Gadafi fue muerto el 20 de octubre, durante un enfrentamiento con tropas del CNT, en Sirte, formando parte de la lista de los más grandes villanos, manteniendo un estrecho control

Gadafi

de Libia, tomando medidas drásticas contra los disidentes, hasta que el país comenzó a sentir la ola de cambio que sacude los países árabes. Que Gadafi muriera en un ataque en Sirte también significa el fin de la represión que el pueblo libio sufrió durante mucho tiempo".

....

Muamar Gadafi

Nacimiento: 7 de junio de 1942.

Muerte: 20 de octubre de 2011.

Lugar de nacimiento: Sirte, Libia.

Padres: Abu Minyar y Aisha.

Matrimonios: Fatiha al-Nuri (1969-1970) y Safia Farkash (1971-2011).

Papel histórico: Dictador libio, durante 42 años.

Hazañas históricas: Tras destronar al Rey Idris I, fortaleció las Fuerzas Armadas, desmanteló las bases militares británicas y estadounidenses. Formuló su Tercera Teoría Universal, que se caracterizó por un sincretismo entre socialismo y nacionalismo panarábico.

....

Mandela se disfraza para evitar ser arrestado

La "Pimpinela Negra" lucha encarnizadamente contra el régimen *apartheid*.

Se convierte en el preso "466/64" en Robben Island.

Recibe el Premio Nobel de la Paz.

elson Rolihlahla Mandela, conocido en Sudáfrica como *Madiba*, tuvo doce hermanos y pertenecía al grupo tribal Tembu, cuyo consejero principal del regente era su padre. A la muerte de éste, continuó con sus estudios y desde 1934 asistió a diferentes instituciones educativas.

Durante la Segunda Guerra Mundial, Sudáfrica entró a la guerra, apoyando a Gran Bretaña, y fue entonces que Mandela comenzó a reunirse con otros jóvenes cuyo principio era la autodeterminación nacional frente a los colonizadores. Así, en septiembre de 1944, fundaron la Liga Juvenil del Congreso Nacional Africano (ANCYL).

En 1948, el Partido Nacional ganó las elecciones, cuyos integrantes eran sólo blancos, y adoptaron un programa institucional discriminatorio conocido como *apartheid*, que significa apartamiento, separación. Esto intensificó la radicalización de la Liga Juvenil y propuso campañas no violentas de boicot, no cooperación, desobediencia civil y huelgas.

En 1948, Mandela es nombrado secretario nacional de la Liga Juvenil y en 1951 como su presidente. Un año después, coordinó una campaña desafiante contra el *apartheid* y tanto a él como a Sisulu y otros 18 militantes del partido, se les acusó de haber violado la legislación anticomunista.

Mandela se convierte en abogado profesional y abre, junto con su amigo Oliver Tambo, el primer bufete de abogados de Sudáfrica para población negra. El Congreso Nacional Africano le pidió preparar un plan, para que el partido continuara en la clandestinidad, llamado "Plan M".

En diciembre de 1956, fue acusado de traición y arrestado; en 1961 fue liberado, quedó pendiente la celebración de un juicio.

En marzo de 1960, la policía asesinó a 69 personas negras durante una manifestación, lo que provocó protestas en todo el país, obligando al gobierno a decretar el estado de emergencia e ilegalizar al Congreso Nacional Africano. Mandela, entonces, se tuvo que separar de su familia e incluso se tuvo que disfrazar para evitar se aprehendido, mientras tanto, su popularidad iba creciendo, nombrándosele "la Pimpinela Negra".

Como consecuencia, Mandela, junto con otros dirigentes del ANC, organizaron el grupo armado para combatir al gobierno, el *Umkhonto we Sizwe* o "arpón del pueblo", mejor conocido como MK.

> *"Mandela fue adquiriendo mayor peso en la sociedad, considerándosele un símbolo de los opositores"*

Meses después, fue detenido, juzgado y condenado a cinco años de prisión por abandonar el país ilegalmente. Fue enviado a la prisión de Robben Island. Ahí fue acusado formalmente y se llevó a cabo el "Proceso de Rivonia", por sabotaje y conspiración para derrocar al gobierno. Mandela, junto con otros miembros del ANC, fueron condenados a cadena perpetua, en junio de 1964, y Mandela fue clasificado como el "prisionero 466/64".

Mandela estudió por correspondencia, por medio del programa externo de la Universidad de Londres, durante su estadía en la cárcel, obteniendo el grado de Licenciado en Derecho.

En junio de 1976, fueron reprimidos por la policía, estudiantes en la ciudad de Soweto, muriendo 176 estudiantes, lo que causó un levantamiento popular. Miles de personas se movilizaron en Europa y Norteamérica, y se realizó, en 1985, un acuerdo internacional para imponer sanciones económicas a Sudáfrica, por la segregación racial. El gobierno no tuvo más remedio que negociar con la oposición.

Mandela fue adquiriendo mayor peso en la sociedad, considerándosele un símbolo de los opositores, quienes protestaban con el eslogan "Libertad a Mandela". Su liderazgo desde la cárcel fue otro factor de presión para el gobierno. En 1985, Kobie Coetsee, ministro de Justicia, y Mandela, se reunieron, pero éste último se negó a ser liberado con la condición de dejar la violencia.

En septiembre de 1989, Frederik Willem de Klerk fue elegido presidente, y tras las presiones locales e internacionales, comenzó a desaparecer las leyes del *apartheid* y a liberar a los presos políticos. El 2 de febrero de 1990, nuevamente se legalizó el Congreso Nacional Africano y, finalmente, el 11 de febrero se liberó a Mandela.

> *"El 27 de abril de 1994, los sudafricanos sin discriminación de raza ni sexo votaron en las primeras elecciones democráticas y Mandela fue elegido como presidente de Sudáfrica."*

Una vez puesto en libertad, Mandela comenzó a negociar con el gobierno una transición pacífica a la democracia de su país. En 1991, Mandela fue elegido presidente del ANC.

Finalmente, el 27 de abril de 1994, los sudafricanos sin discriminación de raza ni sexo votaron en las primeras elecciones democráticas y Mandela fue elegido como presidente de Sudáfrica, cargo que ocupó hasta 1999.

Ya en este cargo, redactó una nueva Constitución democrática y puso en marcha políticas que garantizaran el bienestar y la igualdad de oportunidades para la población negra del país; hizo una reforma de la propiedad de la tierra, el combate a la pobreza y la expansión de los servicios de salud. Creó la Comisión para la verdad y la reconciliación que logró esclarecer las desapariciones, y que el gobierno indemnizara a las víctimas, pero al final se aplicó la amnistía para las autoridades británicas que promovieron el *apartheid*. Murió el 5 de diciembre de 2013, a la edad de 95 años.

"Algunos critican el hecho de que Mandela dejara una herencia de alrededor de 4.1 millones de dólares, gracias a la venta mundial de su libro".

Recibió diversos premios y reconocimientos como el Premio Nobel de la Paz en 1993, la Medalla Presidencial de la Libertad, el Premio Lenin de la Paz, el Premio Internacional Gadafi de los Derechos Humanos, el premio Bharat Ratna del gobierno de la India y la Orden de Paquistán.

A pesar de esto, no se puede separar la figura de Mandela de 30 años de terrorismo y violencia al frente del MK. Mandela justificó la lucha armada, responsabilizando al gobierno, que no cedió ante la protesta pacífica. Incluso se dice que el CNA atacó no sólo a

Mandela

blancos, sino a otros negros que no congeniaban con el partido, realizando el *necklacing*, en el que la gente era quemada viva con un neumático en torno al cuello, incendiado con gasolina.

Algunos critican que Mandela dejara una herencia de 4.1 millones de dólares. Actualmente los miembros de su familia pelean en los tribunales por la repartición de los ingresos de sus marcas registradas.

....

Nelson Mandela

Nacimiento: 18 de julio de 1918.

Muerte: 5 de diciembre de 2013.

Lugar de nacimiento: Mvezo, El Cabo, Sudáfrica.

Padres: Henry Mgadla Mandela y Nonqaphi Nosekeni Rolihlahla.

Matrimonios: Evelyn Ntoko Mase 1944; Winifred Nomzamo Zanyiwe Madikizela, 1957, y Graça Machel, 1998.

Papel histórico: Activista sudafricano, que fue presidente negro de Sudáfrica, entre 1994 y 1999, elegido por sufragio universal.

Hazañas históricas: Se unió al Congreso Nacional Africano (ANC) y creó la Liga Juvenil dentro del Congreso (ANCYL). Fue enjuiciado por traición y encarcelado durante 27 años, por su lucha contra el *apartheid* en su país. Ganó el Premio Nobel de la Paz en 1994.

....

Índice

www.ingramcontent.com/pod-product-compliance
Lightning Source LLC
Chambersburg PA
CBHW070850290526

45795CB00001B/65